北京华景时代文化传媒有限公司 出品

2小时玩转小红书

吕白

-著-

北京联合出版公司
Beijing United Publishing Co.,Ltd.

图书在版编目（CIP）数据

2小时玩转小红书/吕白著. -- 北京：北京联合出版公司, 2023.8（2023.11重印）

ISBN 978-7-5596-6621-5

Ⅰ.①2… Ⅱ.①吕… Ⅲ.①网络营销 Ⅳ.
①F713.365.2

中国国家版本馆CIP数据核字（2023）第135389号

2小时玩转小红书
作　　者：吕　白
出 品 人：赵红仕
责任编辑：牛炜征
书籍设计：末末美书
责任编审：赵　娜

北京联合出版公司出版
（北京市西城区德外大街83号楼9层 100088）
北京华景时代文化传媒有限公司发行
北京文昌阁彩色印刷有限责任公司印刷　　新华书店经销
字数100千字　　880毫米×1230毫米　　1/32　　6.25印张
2023年8月第1版　　2023年11月第3次印刷
ISBN 978-7-5596-6621-5
定价：49.80元

版权所有，侵权必究
未经书面许可，不得以任何方式转载、复制、翻印本书部分或全部内容。
本书若有质量问题，请与本公司图书销售中心联系调换。电话：（010）83626929

前言

过去三年，我从0到1操盘了300万粉丝的小红书账号矩阵，做到了英语、旅游这两个行业的第一名，并把我的小红书个人账号"吕白聊内容"从0做到20万粉丝，变现超过百万元。几百位学员都有了自己的成功案例，其中1800篇笔记都和我相关。

随着我个人账号的开通，同时在不断研究尝试和实践的过程中，在看到读者们的大量留言反馈以后，我也看到了很多用户新的需求，比如："能不能让我更快地了解这个平台""能不能让我快速掌握要点"……为了帮助大家快速上手，也为了适应平台的新变化，我融入了很多最近的思考，也让内容变得更加凝练，给大家带来这本更容易上手、实操性更强的新作——《2小时玩转小红书》。

正如营销大师菲利普·科特勒所说："在正确的时间，向正确的人，传递正确的信息。"这正是新媒体行业的核心价值。作为一个充满活力和影响力的平台，小红书为我们提供了一个绝佳的舞台去实现这一价值。在这本书中，我从小红书的底层逻辑出发，结合我自己的实战经验，告诉大家如何在短短2小时内快速掌握小红书的全部运营要领。

我会从小红书的底层逻辑切入，帮你深入理解平台的运作方式。掌握了平台的底层逻辑以后，你就可以更轻松地找到与受众产生共鸣的内容切入点。

我会和大家分享几种寻找选题的方法。就像曼纽尔·卡斯特尔所说的："内容是传播的基础。"选题是内容创作的关键环节，只有找到独具特色并且能引发用户关注与共鸣的选题，才能提升作品在平台上的曝光率和影响力。

我还会告诉大家如何做好定位，从而让你的作品更有辨识度。营销大师阿尔·里斯就曾说过："定位不仅仅是产品策略，更是以消费者的需求为基础的整体营销策略。"巧妙精准的定位策略，可以让你的作品在同类内容中脱颖而出，使你获得更多的关注和支持。

另外，我还会重点为大家介绍如何通过分析数据来优化你的内容。这是一个非常重要的环节，因为以数据为依托的决策可以使你的营销活动更加精准有效。著名数字营销专家尼尔·帕特尔曾说："没有数据的营销就像闭着眼睛开车。"我会告诉大家如何打开眼界，借助数据洞察消费需求，为你的品牌和产品赢得市场份额。

最后也是最重要的，我会教大家运用变现手段把粉丝效应转化为你的现实收益。在新媒体时代，内容创作者拥有前所未有的机会，可以将自己的创意、技能和知识变现。我会告诉你最实用高效的变现方法，帮你把在小红书上积累的影响力变成现实世界的财富。

正如营销大师塞斯·戈丁所说："营销不再是用来打扰人们的东西，而是为人们创造价值的东西。"读完《2小时玩转小红书》，你就知道如何在小红书这个高速发展的平台上，为受众创造价值，为自己赢得声誉和财富。这本书将为你提供一条捷径，帮你在短时间内掌握小红书的精髓，实现从新手到高手的蜕变。

在这个信息爆炸的时代，时间就是金钱，效率就是生命。《2小时玩转小红书》可以为你提供一种快速有效的方式，帮你在激烈的竞争中找到立足之地。

牛顿曾说："我之所以比别人看得远，是因为我站在巨人的肩膀上。"在这本书中，我会和你分享我在新媒体行业9年的实战经验，希望你能站在我的肩膀上，成为小红书领域的新巨人。

内容行业终身从业者
吕白

目录

PART 1
重新认识小红书

- 003　抓住平台红利期
- 010　如何判断你是否适合做博主
- 017　最适合通过小红书变现的 4 类人
- 021　小红书变现，不可错过的五大赛道
- 025　素人做博主需要具备哪些能力
- 029　适合普通人做的 4 类博主
- 037　完成比完美更重要：普通人如何做赚钱的小红书账号

PART 2
职业玩家如何操盘新账号

043　一个前提
046　三个阶段

PART 3
从0到1打造爆款账号

055　自媒体小白如何起号
059　平台的新手福利
064　开通专业号
070　做小红书的第一步：找准定位
076　5个方法辅助你做好账号定位
080　新手如何快速获取流量
086　4个获取隐藏流量的功能
089　蒲公英平台门槛放低，新人博主变现的机会来了
091　6个月没更新还能涨粉1万+？全靠搜索流量来助力
095　新手做账号，千万别踩这10个坑
104　品牌在小红书做企业号的5种方法

PART 4
手把手教你做出爆款笔记

- 109 你和爆款视频之间只差这一个公式
- 113 选题都错了，怎么会有流量呢
- 117 3个网站，让你拥有源源不断的选题灵感
- 121 内容创作者的万能工具
- 127 3分钟搞定视频拍摄、剪辑全流程
- 131 如何制作高点击率封面

PART 5
小红书的6种变现模式

- 141 报备广告
- 142 不报备广告
- 143 开专栏课程
- 144 引流私域
- 145 小红书官方店铺
- 146 直播带货

PART 6
300万粉丝操盘手快速涨粉、爆款笔记背后的秘密

149　六大涨粉秘诀

155　笔记发布后数据不好,如何走出流量困境

159　小红书的流量密码

163　如何用好小红书的种草功能

167　99%的人都不知道的小红书的6种隐藏玩法

附录　AIGC问答

PART 1

重新认识小红书

抓住平台红利期

如果你已经错过了 2015 年的微信公众号，错过了 2018 年的抖音，那你现在千万不能再错过小红书了。2015 年，我因为微信公众号的红利赚了人生的第一个 100 万元，那时候我还没有毕业。2018 年，我转换阵地去做抖音短视频，当时做到了全网千万粉丝。现在我又转去做小红书，不到 3 个月就变现百万元，不是因为我厉害，而是因为每次我都能踩中自媒体的风口。下面我就用自己近 10 年的自媒体从业经验来告诉你，为什么你现在一定要重点做小红书。

1. 小红书正在加大投放力度

2021年11月，小红书完成了新一轮5亿美元的融资，估值达到200亿美元，这确实是一个非常高的融资金额了，是知乎的四五倍，淡马锡、腾讯、阿里、天图等各行各业最厉害的投资者争相跟投。拿到这笔资金以后，小红书立刻加大投放，用户从1.5亿增涨到3亿，月活跃用户人数达到2亿。这就意味着，你每发一条视频，就可能会有更多的人点赞、转发，那么你也会受到越来越多品牌商的关注。

2. 小红书依然是流量竞争的洼地

有这样一份统计数据显示，抖音单月视频发布量高达1.8亿。这是什么概念呢？就是每7个人中就有一个人在抖音发布视频。这么多普通用户、机构、达人，这么多聪明的人、才华横溢的人全都在抖音。同比时间内，小红书上总共发了多少篇笔记呢？可能也就不到1000万，甚至只有几百万，而且很多笔记的质量非常差。这就是一个绝对数量的差距，虽然抖音流量多，同样竞争也更激烈。抖音上有一位叫"柳夜熙"的博主，她的一条视频造价就是五六十万元，视频的每一帧都在烧钱，我们这样的普通人、普通的博主怎么可能比得过他们呢？

综合上述情况来看，小红书现在竞争还没那么激烈，很多明星都还没有注意到小红书快速增长的流量红利，等他们注意到的时候，竞争一定会变得越来越激烈。小红书还处在前期发展阶段，内容质量参差不齐，很多视频画质较差。现在越来越多的大学生会在小红书上发一些教你如何自律、该怎么努力的视频，这类视频在小红书上也很容易火。这么多素人都能在小红书上有自己的一片天，你也一定要抓紧时间入局，再不做可能就没有机会了。据我判断，很快就会有越来越多像我一样，甚至比我更厉害的专业做抖音的人来做小红书，到时候你用什么跟他们竞争呢？

3. 小红书是消费决策平台

我们打开抖音，本质上就是为了娱乐，比如我最近感觉有些无聊，我会刷刷抖音；我在等人的时候会刷抖音；我出门吃饭，没事干的时候也会刷抖音。刷抖音的本质是为了娱乐，我一般不会在抖音上买东西，上面大部分内容都是一些段子，还有一些搞笑的东西和一些可以刷的剧。

但是小红书不一样，你在小红书上看的都是如何变美、变瘦、变有钱，如何变得更睿智，如何育儿，这些都是方法论，帮助你去提升自己。因为小红书的用户都想通过这个平台来解决自己的问题，要么是去了解应该买什么东西，要么是想知道怎么让自己变得更好。

4. 品牌的青睐

对新兴的品牌来说，一方面它们付不起明星高昂的广告费，另一方面是用户的决策成本变高了，它们已经很难再去相信明星和博主代言了，而是更愿意相信身边的人，所以小红书上很多KOC（关键意见消费者）能够接到广告。

小红书上粉丝过万的宝妈，一个月的收入可以轻松过万。我说的并不是个例，很多人都在上面赚到了钱。包括近几年崛起的国货品牌，例如完美日记、花西子等，都非常看重小红书。钟薛高的品牌创始人甚至曾经断言，一个品牌想要成功启动就去发1000篇小红书。小红书能把一个产品带火，这种理念已经深入很多企业老板的心里了。所以你现在想做好小红书，既不缺广告，也不缺供应商。

5. 女性用户占大多数

小红书上约有80%的用户是一、二线城市的优秀女性，她们往往有着很高的消费能力和购买力。女性相对来说更容易产生购买行为，并且中国女性的很多消费决策都来自小红书。

6. 小红书做视频更容易

小红书上很多爆款视频，时长都是2分钟以上。像我做的"21天系列"，全都是3分钟以上的视频。

因为长视频比短视频更容易做。不知道大家有没有这种感觉，你用 3 分钟来讲清楚一个观点，跟用 1 分钟来讲是完全不一样的，就像一位美国总统曾经说过的，"如果你让我讲一天的话，我现在就能开始；如果你让我讲 3 个小时的话，我可能要准备 5 分钟以后才能开始；如果你让我讲 15 分钟的话，那我就要准备一个星期"。因为时间越短，对你的信息概括能力、表达方式、表达的观点就会有更高的要求。小红书不限制视频时长，这就是一大优势，我们可以在视频里畅所欲言。

7. 小红书官方正在扶持视频和直播类内容

官方为什么要扶持视频类内容？因为视频会是未来的主要需求，小红书上现在还没有足够多的优质视频，所以你只要发视频，平台就会给你一些额外的扶持，因为只有给你流量才能填补它的视频内容的空缺。

那为什么要做直播呢？因为直播是小红书 GMV（商品交易总额）营收中占比非常大的一部分，想上市就需要做营收。直播就是能为小红书带来营收的一个重要手段,所以必须把直播这个环节打通。对于做直播的博主来说,平台会想尽各种办法给大家流量支持。

如何判断你是否适合做博主

现在网上有很多人教你怎么做个人 IP，你可能很动心，去跟着学习、做号，买各种器材，学习拍摄剪辑，忙得热火朝天，最后你会发现有的人做起来了，可有的人就是不行。是因为他们的方法有问题吗？其实大概率不是的。

在分析原因之前，我想先请大家思考一个问题，那就是你在做号之前有没有认真考虑过，你到底适不适合做个人 IP。虽然我是教大家做小红书的，但我不认为所有人都适合做个人 IP，这一节我想从一个内行、一个过来人的角度跟大家分享一下，到底什么样的人才能做好博主，什么样的人才适合靠做博主去变现。

2015年，我因为微信公众号的红利赚了人生中的第一个100万元，我当时才上大二，还没有毕业。2018年，我又去做了抖音短视频，当时做到了全网千万粉丝。现在我开始做小红书，也靠这个平台赚了一些钱，并且可能比很多博主赚的多很多。说了这么多，并不是为了炫耀我自己有多厉害，而是想告诉大家，我的个人经历是非常值得大家借鉴的。我自己也常说一句话，我们要跟有结果的人去学习。

那到底什么样的人才适合做博主呢？我认为会影响最终结果的有三个维度——投入度、性格以及思维方式。

1. 投入度

做自媒体这件事没你想象的那么简单，但也没那么难。很多人说自己零基础，什么都不会，连做图都不知道用什么软件，更是从来没有对着镜头说过话。在我看来，这些都不是最关键的问题，实操方法我们一下午就能搞明白，真正难的是你能不能有长期的、足够多的投入。在起号阶段，如果你不能连续两个月，每天花两个小时以上的时间好好对待这件事情,你就别想做好。大家千万不要相信那种随随便便就能赚到钱的话,这是根本不可能的。

我认识很多博主,虽然他的一条视频只有 3 分钟,但是前期至少拍 10 遍才能通过,光是拍摄就要花费两个小时。对比一下你们的投入程度,你还会想自己为什么总是做了但没有结果吗?如果你想赚 100 万,你就要拿出赚 100 万的精力和态度来对待这件事情;如果你想月入几万,你就要付出月入几万的时间、精力和成本。这时也许有人会说,我上班忙没时间,要不我裸辞吧。如果你有这种想法,千万要打住。我非常不建议大家这么做。即便是我已经做到现在这种程度,小红书也只是我的副业,我依然有自己的主业。

因为自媒体是有长尾效应的,前期收入非常不稳定,而且有一个很长的起号过程,所以一定要等你的账号稍微有了一些起色,取得了不错的成绩,你再考虑要不要辞职。我有一个学员,之前在互联网大厂工作,平时非常忙,依然是边工作边做起了一个 10 万粉丝的号,后来才辞职当博主。

如果你想把做博主当主业，忙一定不是借口，你肯定没有我忙，但周更你总是要做到的。但凡你投入了时间、精力，能够持续输出优质内容，做博主这件事情，你就一定可以做成，而且是可以越做越顺的。我刚开始拍视频的时候就经常卡壳，缺乏镜头感，一条视频拍起来磕磕巴巴的；现在一个脚本，我基本上熟悉三遍就够了，很多时候一条就可以过，我的收效和时间、精力投入的产出比也越来越高。

2. 性格

关于性格决定论，我现在就可以打消大家的顾虑。有很多人跟我说，自己特别内向，表现力也没那么好，看到镜头就发怵，根本做不了博主。真的是这样吗？是不是性格不够外向，就不能做博主呢？其实同样的问题，性格外向的人也跟我说过，说自己虽然性格大大咧咧，也不害怕出镜，但就是觉得自己做的东西很肤浅，没什么观点，很难让用户产生共鸣。

这说明你最大的问题不是性格，而是你在还没做之前就开始假想各种问题，你在人为地给自己设限，还没做之前就已经开始想自己是怎么失败的了。其实内向和外向的优劣势是并存的，我身边这么多博主朋友中，有在镜头前表现力很好但现实中社恐到不行的；也有人设虽然是搞笑女，但输出的观点非常深刻的。

不要把别人的成功都归结于性格，而忽视别人的努力，因为你没看到他在拍视频之前练了一遍又一遍。自媒体真的还没竞争激烈到我们要去拼性格，想要成功就是八个字：不会就学，不行就练。只要你懂内容创作的逻辑，就能做出爆款；只要你多加训练，就能在镜头面前表现得很松弛。

3. 思维方式

最后也是最关键的一点，就是你是否具备成长型思维。为什么我在 20 多岁就可以有一些成就，为什么我始终觉得只要我想做一件事情就能成功，核心就在于我是一个具备成长型思维的人。

常见的思维方式有两种：一种是觉得人生、思维方式、智商这些都是上天注定的，自己改变不了；另外一种则是卡罗尔·德韦克说的成长型思维，认为你的能力永远不是静止的，而是不断成长的。失败并不是否定你的能力，而是告诉你，你还可以做得更好。无论面对多么困难的挑战，只要抱着可以从中学到些什么的心态，你就能鼓起勇气继续前行。

概括起来就是一句话：遇事就解决，遇到不会的学完接着解决。这是非常简单的道理，但90%的人都做不到。所以真的就是大道至简，遇到不会的问题想办法解决就好了。永远不要低估任何一个人的学习能力。想要成为顶流的确需要机遇和运气的加持。如果你只是想成为某个领域的大博主，依靠学习和正确的方法完全是可以实现的。

最后总结一下，一个人适不适合做博主，关键不在于长得好不好看、性格好不好，也不在于其他什么条件，而在于你的投入度、你的执行力、你的学习能力，以及你解决问题的态度。小红书的大舞台已经搭建好了，准备好了你就来吧，这里有无限的可能在等着你。

最适合通过小红书变现的 4 类人

普通人适合通过做自媒体来获得副业收入吗？这是我做博主以来最常被问到的问题。作为一个操盘过 300 万粉丝小红书账号的内容从业者，我接触过成百上千个博主，我发现凡是能够通过自媒体实现自己目标的人都有一些共同点。

首先，你一定要明确自己做博主的目标。如果你是职场人，你的目标就是增加一个收入来源，获得副业收入；如果你是自己有项目的人，你的目标可能就是通过项目实现线上获客；如果你是一个分享欲非常强的人，那你的目标就是通过输出内容来获得大量粉丝。

千万不要一上来就想着要成为百万粉丝的博主,也不要想着只要做了博主,钱就能向你涌来。明确自己的目标后,研究你身上适合展示的优势,向别人最大化地展示你自身的价值。下面这 4 类人,在我看来都是非常适合做博主的。

1. 拥有某项技能的人

例如画画、唱歌、化妆、健身、书法等,只要你拥有别人想学习的技能,你就可以把你的经验分享出来,想要学习的人就会来关注你。我的一个学员林小白特别会画画,她就在小红书上分享自己的作品和绘画方法,然后就有很多想学习画画的人来跟她咨询,她也通过这种方式获得了收入。

2. 在某个领域有自己心得的人

举个例子,如果你是研究生,你就可以跟大家分享自己的考研心得;如果你特别懂职场晋升的方法,你就可以分享职场沟通、向上管理等方面的内容；如果你从事的是某个专业领域的工作，比如运营、法律、设计等，你就可以分享一些与自己行业相关的内容。像聊职场的崔璀老师、讲法律的罗翔老师，都属于这一类。

3. 有特殊经历和人生感悟的人

如果你是拥有超强的思考能力，或是人生阅历比较丰富，又或是极具人格魅力的人，那你就能吸引一批和你三观相近的粉丝，粉丝的黏性也会非常强。@复盘一姐Justina就是一个特别爱思考的女孩，她每次分享完新的内容，她的铁杆粉丝都会点赞、收藏，哪怕是分享六七分钟的长视频，数据也很不错。这就是粉丝黏性强的表现。

4. 有实体店和线下项目的人

这种就是要实现线上获客的人。如果你是卖珠宝的、开民宿的，或是有其他类型的实体店，那你完全可以通过自媒体来扩大你的客源。很多品牌也都是通过这种方式来扩大知名度、提升销量的,比如通过小红书火起来的花西子、元气森林等。

小红书变现，不可错过的五大赛道

作为一个从山东小县城一步步走出来、出版了十几本畅销书、收入超过大多数同龄人的人，我跟大家说句掏心窝子的话，普通人要想实现爆发式成长，光靠努力是远远不够的。你必须掌握杠杆思维，懂得运用杠杆，做事才能事半功倍。

像用钱生钱、购买他人的劳动时间，这些在前期都需要投入大量资金，并不适合大多数普通人。但是做自媒体不需要投入大量的人力物力，一部手机就能搞定，一次劳动时间可以售卖多次，达到多次触达用户的效果，非常适合普通人来做。这一节我就和大家分享一下，最适合普通人变现的五大赛道。

1. 好物推荐赛道

很多人可能都会有这样的担心，觉得做好物推荐博主前期投入很大，需要自己花钱买各种产品。大家完全不用担心，实际上并不需要特别大的开支。等到你积累起一定数量的粉丝，自然就会有品牌方来找你合作，只要你能精准地说出产品卖点，找准产品的目标受众，你实现广告变现就只是时间问题。

2. 技能分享赛道

什么样的人在自媒体时代最吃香？那就是有一技之长的人。会画画的@林小白极简手绘，懂主持的@主持人方好好，擅长复盘的@复盘一姐Justina，这些都是我过往的学员，他们通过小红书放大了自己在现实中的优势，很轻松就能从线上获客。如果你有自己的技能，一定不要放弃小红书这个渠道，很可能你的副业收入会超过你的主业收入。

3. 心灵疗愈、心理咨询赛道

现在各个行业内卷越来越严重,很多人长期处于焦虑和抑郁的状态。在物质需求得到基本满足后,越来越多的人变得更加看重精神层面的需求。这时候就需要有人来缓解大家的焦虑,帮助大家排解压力,获得心灵上的安宁。

4. 线下线上双赢赛道

大家觉得赚钱这件事很难吗?其实说难也不难,搞清楚产品卖点、目标人群、获客渠道,你就能有钱赚。但现在线下流量基本饱和,急需通过线上渠道来获客。线下实体店店主一定要有自媒体思维,让自己的产品通过增加线上曝光,来获取更多客户。

5. 女性成长赛道

小红书作为一个女性用户占绝大多数的平台,人群更为精准,也更好变现。如果你的目标人群是女性,那小红书就非常适合你，比如女性情感、瑜伽，如何让女性变美、赚钱这些赛道，都是非常好的选择。

不要再问 2023 年还要不要做小红书，风口是不是已经过去了。如果你一直徘徊一直犹豫，只会什么都得不到。种一棵树最好的时间是 10 年前，其次是现在，你还在等什么？

素人做博主需要具备哪些能力

我发现很多想做博主的人都存在一些相同的问题：不够"精致利己"，内容像过家家一样，心态也没有职业化，而是期待运气会砸到自己头上；不会包装自己，不会抓用户需求，更没有持续学习的决心。如果你下定决心想要改变这种现状，一定要认真看完这一节，努力掌握以下几种能力。

1. 综合能力

想成为合格的小红书博主，你需要掌握文案、拍摄、剪辑、做图、调研、复盘等技能。文案越自然真诚越好；

拍摄时把镜头想象成你最好的朋友,这样才更容易产出优质视频。

那么什么是优质视频呢?利他和情绪价值相结合就能产生最好的视频,视频灵感可以来自你看过的书、电影和你的经历感悟。建议大家养成及时记录的习惯,建立一个自己的金句库。

2. 学习能力

成为合格的小红书博主,拥有持续学习的能力非常重要。你可以结合自身的经历多思考,也可以多和朋友聊天,从他人的经历中获得灵感。

3. 数据分析能力

持续输出是博主的一项关键能力。笔记发出后,你要学会监测数据,进行复盘优化。优秀数据的点赞、收藏比是1∶10或1∶20,甚至更高。哪篇笔记最容易涨粉、最可能成为爆款,你一定要做到心中有数。点击率低的笔记,你可以尝试优化封面标题;互动率低的笔记,则要注意优化选题内容。

你可以依照用户画像，根据年龄段、关键词来寻找适合自己账号的选题。我给大家分享两个数据平台：一个是千瓜数据，还有一个是灰豚数据。看爆款数据的时候记住这个公式：互动率＞8%（点赞＋收藏＋评论×3），阅读量点击率＞5%。

4. 选题能力

一篇笔记能不能成为爆款，选题的决定因素可以占到80%。大家平时一定要注意积累,建立自己的选题库。首先，可以分析与你定位相似且数据比较好的账号，新人起号阶段建议对标近三个月涨粉较快的同赛道账号。其次，按照自己涨粉快、点赞多的笔记，找同类选题进行持续输出，或是找小红书推荐的话题以及实时热点，具体可以参考笔记灵感。最后，可以针对用户痛点，结合自己的经验帮大家解决问题，或是和用户一起吐槽来引发共鸣。

5. 变现能力

想拥有持续赚钱的能力，先要有持续输出内容的能力。等你的内容逐渐丰富起来，就会有商业型的输出，可以拆解一些好物账号，结合自己的人设进行融合。

6. 时间管理能力

你一定要记住一句话：完成比完美更重要。首先建立自己的模板库，快速找到你想要的风格；接下来建立自己的选题库；然后是剪辑、拉片；最后做爆款结构分析。大家一定要养成写周报的习惯，把自媒体事业当成平时的工作来完成。所有成绩的取得，无不源于日常的努力。

适合普通人做的4类博主

通过自媒体赚到100万元，没有你想的那么简单，但是肯定也没那么难。以我自己为例，2017年我在北京实习，最多的时候靠自媒体一个月获得了10万元的收入。近10年新媒体经验，我的收入早就突破了7位数，已经是同龄人的很多倍。

说这些不是为了增加大家的焦虑，也不是有意炫耀什么，而是作为一个享受到自媒体红利的博主，我真心希望大家能认真看待这件事情，它真的是这个时代给普通人的机会。这一节我就给大家分享4种适合普通人做并且可以长期变现的账号类型。

1. 读书博主

读书博主是小红书上最容易起号的一类，图文、视频形式都可以。读书博主还可以让你实现读书自由，几百粉丝就能获得很多图书的置换。变现方式也很多，例如广告推广、直播带书带货、知识付费、读书社群等，基本上和读书相关的都可以做。我有一个读书博主朋友，家里都是出版社寄来的书，每天带薪看书，思维提升飞快，不但有了很多作家朋友，第二年还出版了自己的书。

对于读书博主，还有一个误区，很多人可能觉得小红书上的读书博主太多了。其实并不是这样，小红书的读书赛道还没有那么卷，特别是人设清晰的大博主还很少，所以说你依靠真情实感是很容易做成IP的。要注意，不要看豆瓣上这本书的简介是什么你就写什么，而是要结合你的生活，你自己的所思、所感，去分享书里的内容。

PART 1　重新认识小红书

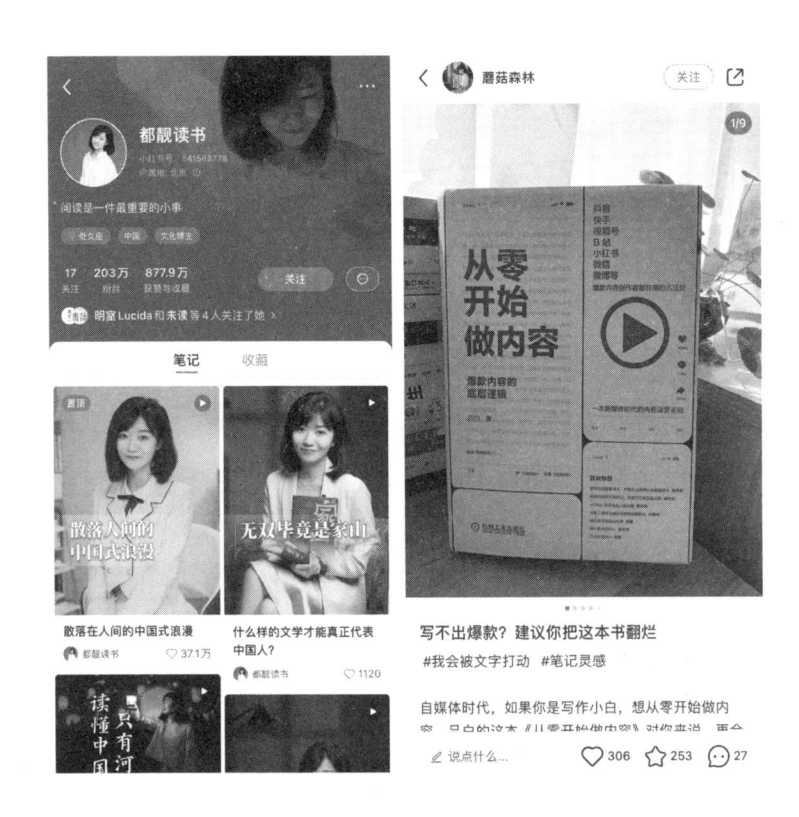

2. 干货分享博主

干货分享博主也被叫作知识类博主，通常会聚焦自我成长，例如女性成长、情绪管理、职场晋升等领域，我的个人账号（吕白聊内容）就属于这个类型。大家知道这类博主最好是哪些人来做吗？答案是有很强的专业知识的人，比如律师、产品经理、设计师，以及各行各业的专家。因为他们所在的领域有极强的专业性，博主这个放大器恰好可以帮他们放大自身的优势。

垂直领域的专业知识加上适合的营销打法，这套组合拳就无敌了。比如律师通过分享各种法律知识，一旦形成个人IP，咨询课程变现的路径就有了，还会愁没有客户吗？我的账号前期就是通过各种干货内容来涨粉，打造新媒体运营专家的个人IP。这类账号是非常利他的，利他就是最好的利己。变现途径也有很多种，广告、业务成交、知识付费等方式都可以。

3. 育儿博主

这类博主建议宝妈们都可以考虑一下，变现性真的太强了。之前有句话是"如果你抓住了一位母亲，你就抓到了一个家庭的消费命脉"。在小红书上，如果你是一个垂直的、粉丝过万的育儿博主，你基本上就可以实

PART 1　重新认识小红书

现月入过万。

小红书上的育儿博主大致可分为两类：一类是专业的、有证书的育儿博主，也被叫作育儿专家；另一类是自己在带孩子的过程中有了很多心得，喜欢分享和孩子相处的日常，比如怎么教孩子学习、工作、为人处世，或是给孩子买哪些玩具，有哪些适合孩子做的手工一类的内容。这两类除了内容风格和变现路径不太一样外，其他都是相通的，都是通过分享内容教大家如何培养孩子，为有同样困惑的宝妈们答疑解惑。

4. 家居博主

家居博主通常来说都是行走的带货博主，非常适合对变现有强烈需求并且热爱这个领域的人。家居博主会分享一些好用的家居物件，包括厨房的、卧室的、客厅的、宠物的，变现方式包括接广告、带货、开网店等。你的每一篇笔记，既是内容分享，也是广告种草。

不过前期需要一定的投入，毕竟在你还没有粉丝的时候，你得自己花钱买道具。我建议前期不要做得太大，可以做一些小家电的推荐，一篇优质笔记就能让你卖个几十单，一个月下来，你的业绩就很可观了。

现在小红书也在大力投入做电商，这对大家来说是一个非常好的机会。就是我一直跟大家说的，个人努力在大环境面前不值一提，大环境的机遇会在很大程度上决定一个人能不能成功。等到粉丝涨起来，数据还不错的时候，你的号就无敌了，何况，这几类博主的变现能力堪比美妆类账号，而赛道又不像美妆那么卷。

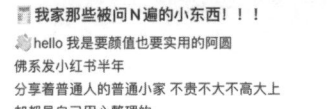

2 小时玩转小红书

🏠我家那些被问N遍的小东西！！！
🙋hello 我是要颜值也要实用的阿圆
佛系发小红书半年
分享着普通人的普通小家 不贵不大不高大上
却都是自己用心整理的

跟着买就对了｜我可太会买软装了🏠全屋清单
我家坐标北京，买的二手房拆除重装，整体来说，轻硬装重软装。
搬家之初是通体的大白墙，个人喜欢绿色，也是我家客厅的主基调

完成比完美更重要：
普通人如何做赚钱的小红书账号

1. 粉丝多不等于能赚钱

首先，你需要明确一个概念：粉丝多不等于能赚钱。我之前有一个学员，他已经有 10 万粉丝，依旧不赚钱，这是为什么呢？因为他按照做营销号的思路：什么火我就去做什么，什么火我就去蹭什么。最后火的是内容，根本没有人记住他。

而我的另一个学员，只有 2 万粉丝，一个月却可以赚 30 万元。他分享的是医美相关的知识，比如要不要打瘦脸针、瘦脸针有没有副作用……关注他的大多是想去做医美的人,一般人也很难了解到这些知识。

他光是引流,一个月就能赚 30 万元。因为他的账号足够垂直、足够精准,可以解决别人的问题。大家一定要明白,如果你是为了变现,接广告不一定适合你,它只是变现的一个渠道。你一定要认真思考:你能不能吸引一些更精准的粉丝?如果你的账号粉丝足够精准,哪怕粉丝数量只有 2 万,也可能比那些拥有 10 万甚至更多数量粉丝的泛号更值钱。

2. 找准适合你的赛道

一定要找准自己的定位。我有一个朋友是做知识付费的,之前小红书上是没有知识付费这个领域的,所以他就选择了一个人少的赛道。如果你现在才去做一个美妆博主,比如口红博主,肯定是很难变现的,因为小红书上很多博主早就已经做成了,而且已经成为爆款,要想做出差异化确实是比较难的。你不要在贫瘠的地方捞鱼,而是要在鱼多的地方捞鱼。

3. 完成比完美更重要

如果你刚开始做小红书账号，我建议你选那种时间、制作成本都比较低的，这样你会更容易坚持下来。很多人中途放弃的原因就是，觉得自己投入了很多精力，但是没有得到正反馈。最主要的原因可能就是前面几节中提到的环节没有做好；另外就是投入的时间还不够，你就已经放弃了。刚开始做就选你最擅长的、最有话语权、能长时间输出内容的垂类领域。先做那种口播类的视频，然后把做好的视频发出去看看效果，前期不要花费太多时间录制一条视频。

人生是一场马拉松，不需要太用力，一直努力就好。流水不争先，争的是滔滔不绝。就像扎克伯格说的，Done is better than perfect（完成比完美更重要）。

PART 2
职业玩家如何操盘新账号

一个前提

我做个人账号总共经历了一个前提和三个阶段。一个前提就是我要先解决摄影、灯光、剪辑等技术问题。我当时招了一帮朋友过来,但他们之前也不太懂拍摄。我们先是买了部相机,但因为大家搞不懂参数,做出来的视频特别模糊,根本没有发挥出相机原本的优势。我们只能被迫改用手机,我现在在小红书上的一系列视频都是用手机拍的。

另外,我建议大家一定要买个补光灯。因为想靠自然光拍摄实在是太难了。如果早晨拍的话,很容易背光;中午拍的话,拍出来的人会特别丑;晚上拍的话,光线又不太稳定。所以大家一定要买一个补光灯。

我给大家推荐两个剪辑软件。一个是度咔剪辑App，它的一个功能是快速粗剪。你把视频放进去，它就能自动识别你说话时重复的语气词和一些重复的字，然后一键删除，是一个特别好用的快速剪辑软件。我们公司的剪辑同事自从用了这个软件，效率提升了好几倍。另外一个功能是一键包装，它能为你的视频一键添加画布、字幕、标题、花字、贴纸、文字等，让视频画面变得更加丰富。

第二个软件是"黄油相机"。我们平时做笔记封面用的都是"黄油相机"，像一些好看的字体、贴纸全都

PART 2　职业玩家如何操盘新账号

是"黄油相机"自带的。"黄油相机"几乎可以满足你的全部需求。

黄油相机

三个阶段

第一个阶段 0~2万粉丝

我的账号前后共经历了几个阶段。第一个阶段我的起号原则是"先发散再聚焦"。任何人都无法给你一个一定会火的定位,即使是我这种做内容的专家。我曾经帮很多人做过定位,每次都会跟对方说,我肯定没法给你一个一下子就会火的定位,你必须得自己去尝试。

那要怎么试呢?首先,提炼自己的标签。我自己的标签:第一个是小红书专家,我做过小红书的两个行业第一,还出了一本教大家怎么做小红书的书;第二个,我自己是胡润&福布斯双U30,还是企业高管,说明我

PART 2　职业玩家如何操盘新账号

还算年少有成;第三个,我是小镇青年,我能给大家分享小镇青年蜕变的经验;第四个,我出了十几本书,是当当年度影响力作家;第五个,我自己向上社交的能力还可以,认识很多大咖,大家对我的印象都还不错,很多人也愿为我付费;第六个是我也能讲理财方面的内容,曾经出过一本讲理财的书。

就是这几个方向,每一个方向我都找了三条对标视频,每条都试着拍了一下,差不多拍了十五六条。最后发现,我讲小红书的视频最火。这时候,我就把其他几个方向全部放下,连拍了十几条视频,专门教大家怎么做小红书,这让我的粉丝直接涨到了1.5万。然后我发现,再继续拍这个选题可能没法涨粉了,我就开始拍第二个系列——成长逆袭。我又连拍了几条成长类视频,这让我的粉丝量从 1.5 万涨到了 2 万。

在粉丝量从 0 涨到 2 万的过程中,我始终信奉一个原则:先完成,再完美。最开始做小红书,很多人之

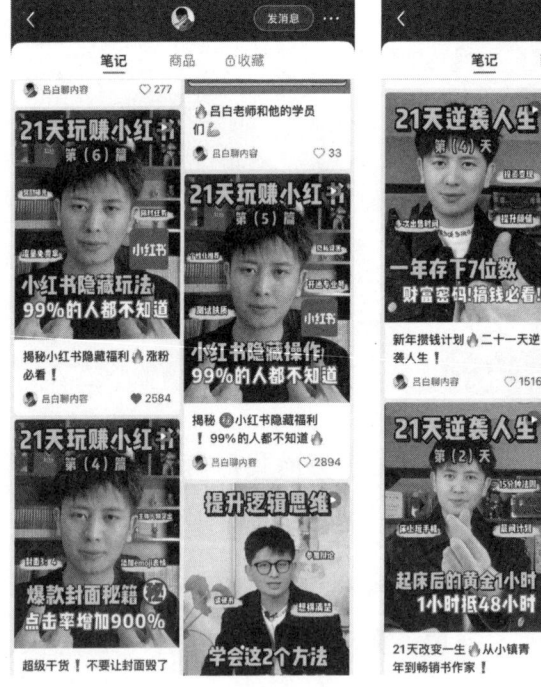

所以做不下去，就是因为一开始做得太满，用力太猛，脚本写得很好，灯光也很好，什么都很好，笔记不火都找不到理由。所以当时有几条内容不火，我还能找找理由，太累了状态不好，说话太随意了，简介不太好，灯光也不好。如果你一开始就什么都做得很好，那你还怎么找理由呢？

第二个阶段 2万~4万粉丝

这个阶段我就必须开始迭代了，因为这时候已经很难涨粉了，像我前期这种没有脚本纯靠口播的视频，点赞量最多也就只能到7000多了，很难有一条点赞过万的视频。因为我没有脚本，每次录视频都很随意，信息密度又不够。所以我开始思考，怎样才能把视频拍活。想做好视频无非就这几点：一是脚本够不够好；二是我讲得够不够好，这个其实也取决于脚本，还有我的表达以及我拍摄当天的状态；三是后期剪辑好不好；四是拍摄背景好不好。

我们首先要优化的是脚本。我们专门做了一个框架，细化到每一个环节、每一个点、每一个词,有时候一个视频脚本能写 1500 字。

接下来是调整后期剪辑。我最开始有几条视频美颜过度,因为当时负责视频后期剪辑的工作人员问我应该怎么剪,我跟他说把美颜瘦脸开到最大,其实我的真实需求是,把我拍好看,而不是真的把美颜的各项功能开到最大。

最后一步是优化背景。我们增加了书柜,放了一些书和摆件,让整个视频画面看起来更加丰富。

从 2 万到 4 万粉丝,来拆解一下我们做的几大调整。一个是优化出镜人的表现,再一个是细化脚本,以及完善背景、剪辑、灯光、画面等,把这些东西都做好就没问题了。

第三个阶段 4 万~92 万粉丝

这个阶段我们发现了一个关键点,那就是一定要做系列内容。我的几条涨粉最多的视频全都是系列视频,"21 天逆袭人生"这个系列给我涨了至少 3

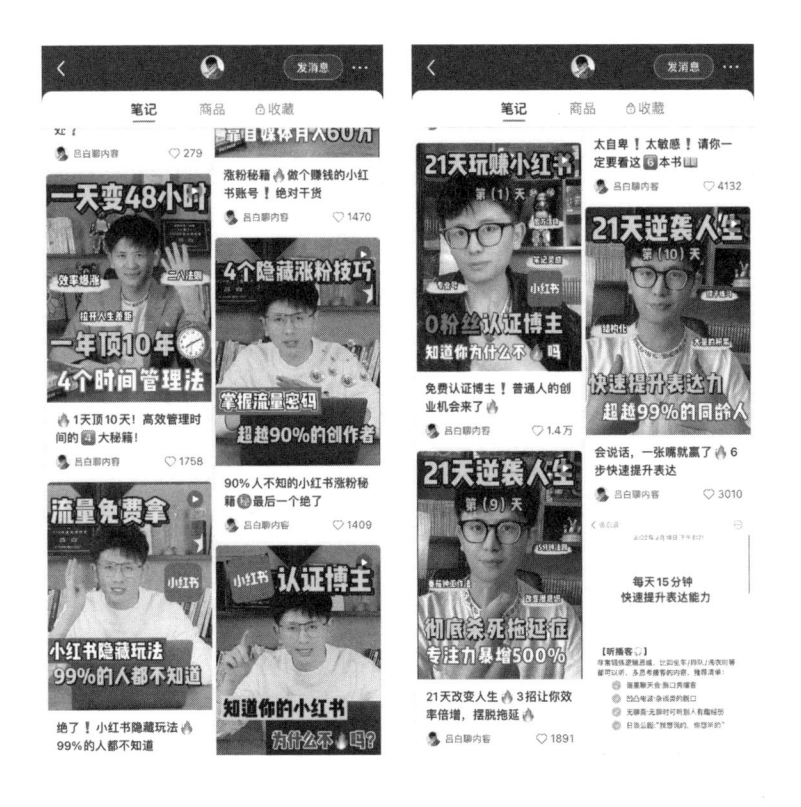

PART 2　职业玩家如何操盘新账号

万粉丝。用户之所以愿意关注你，一定是跟追连续剧一样，只有这样用户才愿意一直跟随你。我之前的一些学员，听了我的建议也开始做系列了，因为系列会给人一种持续"追更"的感觉。一定要记住，在信息流时代，你和用户可能就只有一次见面的机会，想让用户关注你，想把用户留在你这里，你一

051

定要给他留个"钩子"。怎么才能给他留"钩子"呢?那就是满足他的好奇心。

还有一点叫内容迭代,我把现在小红书上的视频叫中视频。我之前的思路一直是做短视频,因为我最开始做的是抖音,也做到了千万粉丝,当时觉得小红书用户可能也喜欢 1 分钟短视频。后来我发现,我的很多爆款,全都是 4 分钟左右的视频。所以我们团队接下来就开始调整视频时长,从 1 分钟调整为 4 分钟左右。

PART 3

从0到1
打造爆款账号

自媒体小白如何起号

自媒体小白如何快速突破1000粉丝？有没有什么起号的方法可以借鉴？这一节，我就把操盘300万粉丝小红书账号的起号秘诀分享给大家。

首先，新人想做好自媒体，一定要树立一个正确的思维——逆向思维。我们先来看看新手做账号时常见的错误做法：一上来就先研究用什么软件，怎么做图、做封面，报门视频课先去学一下剪辑，这些好不容易都学会了，等到真正开始做内容的时候，才发现自己不知道该写什么；忽然又意识到，需要找选题写脚本，又报了5万元的课程，终于把写文案也学会了。等到好不容易开始发作品了，发了几条以后发现没火，就算火了也不挣钱，最后就彻底停掉了。

真正懂得运营账号的人都拥有逆向思维，他们一上来就先定位两件事。一是定位自己，能做什么，喜欢什么，人设是什么，自己的性格适合哪种表现形式，是坐着还是躺着，是经常哈哈大笑还是那种看起来有点疯的。

二是定位变现方式，是接广告、卖货，还是做课程，或是几项组合，这就要求你要做一个有方向可变性的账号。接下来你要做一个有内容的账号，它决定了你能不能快速启航。一方面你要研究同行，专门留两天的时间去拉3个对标账号的爆款笔记，研究选题结构，看看它是如何开头、如何结尾、如何起承转合、如何互动的；还要研究评论，你可以从评论里找到用户实打实的问题，这些都是他们最迫切想知道答案的问题。

紧接着是研究用户，你得清楚你的笔记要推给哪些人，这些人关注哪些话题。就好像你相亲的时候，要告诉别人你的择偶标准、你最关注伴侣的哪一方面一样。总而言之，你要清楚你的这条赛道什么内容是比较容易火的，有哪些用户群，什么选题能直击用户痛点或者引起共鸣，如何满足用户，用户的期待是什么，最好把这些问题在一张纸上写下来。最后才是围绕这些问题去写文案，写脚本拍视频。

这里还有一个重点，大家不要拍了一两条视频就开始发，最好是一次性做好一周的内容，然后坚持"日更"。我们做一个新的账号，一般至少准备20条视频才会发布。很多新手刚开始拍了几条视频也没火，一看数据没信心就放弃了，所以要先准备好足够的量再发布。

作为靠账号持续更新涨粉的博主，每次有用户关注你，就说明他期待的是你后续的内容输出。用户是因为你未来的价值才关注你的。

我给你三份自检清单，你只要做对了就能不断更。一是自媒体是不是你想要持续做的事，如果你非常确定想长久投入这件事，你就必须留出足够多的时间来做视频。

二是你是否能够与焦虑共存。我知道有很多人，刚发了一条视频就不停地拿着手机刷数据，看有多少人观看、点赞、收藏，只要数据不好，压力就特别大。其实我也一样，但我想说的是，你必须学会双向控制，控制焦虑，控制预期，把每篇作品都当成一个测试品，而不是一个爆款。大家一定要理解这件事，短视频是一件需要长期投入的事情，不是一个短时间就能火的东西。可能你发了200条都不火，第201条突然火了，紧接着会把你前面的内容也给带火。

三是你要有足够大的选题库。我建议大家做积累型而非灵感型的创作者。你可以准备一个本子，记录下你未来半个月内可以做的选题，否则光靠灵感是很难维持的。

平台的新手福利

为了帮助新手快速起号,小红书平台也真的是下了很大功夫。下面 6 个隐藏功能就是平台给你升级打怪的攻略,可惜绝大多数新手都不知道该怎么用,这一节我就给大家详细讲讲。

1. 笔记灵感

点击"创作中心"中的"笔记灵感",里面是平台会重点用流量来助推的话题,选题也很适合新手。直接点击发布,用获得的流量奖励再去助推你的笔记,就能让你的笔记快速突破 500 播放量。

2. 视频章节

小红书上的视频长度基本上都超过 1 分 30 秒，为了吸引用户看完整条视频，你可以在视频上做好章节标记，你的视频完播率就会实现飞速提升。

3. 创建合集

通常一个账号会有多个不同方向的内容，但用户一般没有耐心把你主页上的笔记全部看完。创建合集能够让用户一眼就知道你的内容分类，可以极大提升转粉率。

4. 笔记置顶

点击"创作中心"里的"创作权益",把最能体现你人设定位和变现领域的笔记置顶,进入你主页的用户就能快速了解你是谁、你的价值是什么,能够大大提升转粉率和变现率。

5. 蒲公英平台

蒲公英平台不仅仅是接广告的地方，在这里还能看到最近各领域接广告效果最好的账号和报价，这不就是我们最好的对标账号吗？跟着高变现的账号走，你的变现也不会差。

6. 专业号客服

大家可能都知道主页左上角有帮助客服，但是这里没有人工客服，回复效率比较低。你可以直接点击主页右上角的"PRO"标志，在"专业号中心"里点击右上角的"专业号小助手"，全天都有人工客服在线，回复效率非常高。

开通专业号

你知道为什么你的小红书笔记一直不火吗？为什么你的一篇笔记只能涨几十、几百个粉丝？为什么你没有一篇爆款笔记？为什么你偶然火了一篇爆款笔记但无法持续呢？原因就在于你没有开通专业号。

专业号里可以看到每条笔记的数据增长、它的涨粉数，还有各种各样的数据。做新媒体的人如果不懂得分析数据、复盘数据，不知道问题出在哪个环节，肯定就没办法做大。

要想做好小红书，第一步就是要开通专业号。很多人都会问，开通专业号有什么门槛和难度吗？这个是没有的，零粉丝就能开通。参考下面的步骤，你就可以轻松开通专业号。

1. 点击小红书首页右下角的"我",再点击左上角的三条线。

2. 点击"创作中心"。

3. 点击"更多服务",找到"作者能力"。

4. 点击"开通专业号",选择"个人",点击"立即申请"。

5. 根据你的账号内容,选择相应的身份标签(每个月可以更改一次标签)。

开通专业号的好处是什么呢?发布笔记的点赞量、完播率、5秒完播和30秒完播涨粉数,以及封面点击率都可以在后台看到。比如我最火的一条视频——"21天逆袭人生,起床后的黄金1小时",观看量是22.5万,人均观看时长是2分钟,完播率是10.7%,视频涨粉1.2万,封面点击率是7.2%,高于72%的创作者。这些数据说明这个封面还可以,能吸引用户来观看,但还有继续优化的空间,因为真正好的封面是能超过96%

的创作者的。封面优化完以后，假如原来有22万人浏览过这个封面，现在点进来观看视频的人可能就更多了。

我这条视频的完播率只有10.7%，低于58%的同类创作者，这说明什么呢？一是视频太长了；二是视频的干货密度还不够，没办法持续吸引用户的眼球。另外，你还能看到什么时候滑走的人比较多，说明在那个时候你需要用一些话术来引导用户继续观看，比如"大家看到这里，就一定要看完整条视频"。

这样分析下来，我就能知道这条视频为什么火，那条视频为什么不火，做到知其然，也知其所以然。另外还能看到，5秒内完播率是85%，30秒完播率下降到64%，说明前30秒的内容不够吸引人，无法让大家一直看下去，应该进一步优化——可能需要有更多干货和知识点。我的互动数是17 090，高于99%的创作者，说明我的内容能引起大家的共鸣；能戳到大家的痛点，就说明这个选题还不错。

做自媒体一定要理解数据、分析数据，通过数据来更好地优化笔记的内容。千万不能自我陶醉，一味相信

自己的感觉，数据才是王道。

如果你不知道自己发的选题会不会火，想知道小红书上容易火的选题有哪些，一定要关注"笔记灵感"。点击"创作中心",向下滑动可以看到"笔记灵感"专栏，里面有本周热点和官方活动。热点包含美食、美妆、时尚、出行、兴趣爱好、知识、运动等方面。在你不知道发布什么选题的时候，直接从里面找到就能拍摄。

"本周热点"可以帮你第一时间了解官方热门，比其他博主占据时间优势。像小红书、抖音这种信息流平台，大家一定要学会跟着平台的脚步走，因为70%~90%的流量都来自平台推荐。如果你不跟着平台走，你就很难获得曝光量和点击量；只有跟着平台走，

你才有可能做出爆款。在信息流平台做内容，一定要跟随平台、了解平台，这样你才能生产出平台急需、用户想看的内容，平台才会愿意推荐你的内容。

"官方活动"就是你要按照指定的要求和描述去发布笔记，记得文案一定要带话题，添加"#官方活动内容"，平台审核后就会通过，助推你的流量热度，增加你打造爆款的机会。

你的笔记能不能火，一个是看你的内容好不好，再一个是看官方愿不愿意推荐你。目前开通专业号不需要任何费用,也没有粉丝数量要求,0粉丝也能开通,大家一定要尽快开通。

做小红书的第一步：找准定位

在小红书起号阶段，如果你的第一步错了，后面就会步步错！做小红书账号的第一步不是发笔记，而是找准定位。起号时要做的第一件事肯定是注册账号，这个账号就是我们在小红书上的"店铺"，是吸引粉丝和潜在用户的大本营。

注册账号之前，你一定要找准自己的定位。对于用户来说，定位就是给他们一个关注你的理由。很多新人都没有足够重视账号的搭建，这通常会导致下面两种情况。

第一种情况，无法和用户之间建立信任感。比如账号名是一串数字，个人简介处是空白的，这些都会让人觉得账号不真实,很难引起用户关注。

第二种情况,账号内容杂乱。比如既有美妆内容,又有电子产品相关的内容,用户没办法一眼看出这个账号能提供什么价值,也就无法引起关注。

类似的问题还有很多,总的来说,这些都是小红书账号的定位问题。一个定位清晰的账号,可以帮助你快速涨粉。我们做过试验,只是简单修改一下账号的名字和简介,粉丝量就会有明显增长。到底应该如何做好精准定位呢?你可以问自己三个核心问题,认真思考后把答案写在本子上。

我是谁?

我能为用户提供什么?

我和别人有什么不一样?

想清楚后,结合你擅长的方向,在平台上找到类似的爆款,总结它的长处,然后对你的作品进行优化,看看哪个类型的作品会火,再确定最终的定位。我们在做定位时,一般是先发散,多发几类内容,测试后再聚焦生产一类内容。为什么要这么做呢？因为我们的感觉90%都是不准的，一定要学会敬畏数据、敬畏用户。

先模仿，再创新

这里的"模仿"不是抄袭，而是在总结爆款经验的基础上，做出更好的内容。找一个或几个类似账号，观察其发布的爆款内容，研究其内在逻辑和其他可取之处，在这个基础上对你的内容进行优化。这样可以增大做出爆款内容的可能性，你也更容易得到正向反馈。等你具备生产爆款内容的能力后，就可以开始基于自己的兴趣、教育背景等自身因素，结合评论区用户的需求，做出自己独树一帜的内容，即自己与其他博主的差异化。

号设化运营

"号设化"就是把账号的名字、头像、简介，根据你发布的垂类内容做出相应的修改。为什么要"号设化"呢？我就曾经吃过一次亏，我们运营的一个小红书账号有 30 多万的点赞量，但粉丝只有不到 2000，转粉率不到 1%。而另一个账号"深夜歌单"的转粉率居然接近 10%，那就意味着我们第一个账号 90% 的流量其实都浪费了。如果没有"号设化"，用户通常只会种草你的某篇内容，只是点赞、收藏你的内容，而不会关注你。能让用户关注你，一定是因为你能持续分享某一类内容。下面我给大家介绍两种可以参考的命名方式。

（1）昵称 + 内容方向

比如账号"小岳岳的拍照魔法"，大家一看就知道这个账号是教人拍照的。

（2）昵称 + 地域

比如账号"大宝姐在日本"，通过这种地域类的定位来快速告诉用户：如果你对日本感兴

趣，想来日本玩，那你就应该关注这个账号，因为运营这个账号的人就住在日本。类似的账号还有"丢丢在日本""韩国媳妇大璐璐"等。

简介一定要独特，要么展示你的特别之处，要么就展现你比别人厉害的地方。特别之处就是体现你和其他博主不一样的地方在哪里，你能给用户提供的最大价值是什么。如果实在想不出特别之处，就想想你在什么领域做出过特别厉害的成绩，介绍一下你在这个领域做过的最厉害的

事情。我在写这类简介的时候，一般会加入数字进行佐证。比如我有一个学员当过很多大牌的"柜姐"，我帮她写的定位就是：8年香奈儿柜姐，卖出超过100万支口红。

只有找准方向，并且做好"号设化"运营，你才能持续做出爆款，吸引更多用户关注，获得后续更多的曝光；才能在小红书上占有一席之地。

5个方法辅助你做好账号定位

1. 年龄反差法

年龄反差法的秘诀,就是账号中设定的人物性格或行为方式与人物的实际年龄不符,从而使用户产生差异感。抖音上爆火的"北海爷爷",70多岁高龄,依旧神采奕奕、步伐稳健、举止优雅,最重要的是他很会穿搭,他的穿搭甚至成了很多时尚达人研究的对象。而在我们身边,这个年纪的爷爷奶奶大都不太注重"精致"。正因为这种年龄的反差感和岁月的沉淀,使他的内容变得稀缺且珍贵。

2. 性别反差法

性别反差法就是男扮女装或女扮男装。抖音上有一位运用性别反差法的博主"多余和毛毛姐",他一人分饰两角,戴着假发套,模仿女生的行为举止,看起来非常有趣。他的一句"好嗨哦,感觉人生已经到达了巅峰"一时间吸粉无数,还吸引了很多博主争相模仿。

想要吸引用户注意,最基本的方法就是打破常规。人类大脑适应规律性事物的速度很快,持续不变的感官刺激往往会让我们视而不见、听而不闻。当我们遇到与自身认知冲突甚至完全相反的事情时,大脑就会变得异常活跃。性别反差法就是一个很好的打破常规的方法。

3. 场景切换法

场景切换法就是把我们日常生活中做的一些事,换到另一个场景去做。知名博主"办公室小野"就是利用生活中一些简单的东西在办公室制作美食,比如用电熨斗做烤冷面、用夹发板自制爆米花。在大家的印象中，办公室就是办公的场所。而她打破了这一思维定式，把厨房搬进了办公室。而且她用的道具都是生活中常见的东西，如果不是她，你根本想不到这些东西竟然可以用来做美食，让人感觉耳目一新，创意十足。

4. 典故定位法

典故定位法就是以传说中的人物作为定位的人设。除了经营这个人设，他们往往还会告诉用户很多生活中的道理。比如"月老玄七"会帮用户答疑解惑，教大家如何谈恋爱；"孟婆十九"会告诉大家，如果有亲人不幸离世，应该怎么调整心情。把你的人设和大家熟知的IP联系起来，在此基础上进行创新，往往会取得比较好的效果。

5. 影视剧定位法

影视剧定位法就是将一些影视剧中非常火的人设搬到现实中来。很多影视剧中的人物经过编剧的反复打磨，人物形象已经非常饱满，比如韩剧《太阳的后裔》中的男女主角，就有比较强的参考性。你可以根据原来的影视剧，改编出更符合短视频用户喜好的内容。

新手如何快速获取流量

很多人都觉得小红书起号特别难，但是我的个人账号从0到10万粉丝只用了四个月时间，这一节我就来跟大家分享一下，新手做小红书账号如何快速获取流量密码。我将从账号策划、情绪共鸣、及时复盘三个维度，帮新手掌握做小红书的基本逻辑，快速获取流量密码。

我们总是说流量，小红书的流量其实就是曝光量。曝光量不等于阅读量，阅读量是我们在笔记封面上看到的一个"小眼睛"图标，曝光量则是我们的笔记在发现页里出现的次数。一般情况下，我们发布一篇笔记以后，小红书官方会给我们一个基础的曝光量。这个曝光量一部分会给粉丝；另外一部分会给发现页，就是最初这部分人对你笔记内容的反馈，决定了你的笔记能不能有更大的曝光量。

因为小红书的流量池，都是从一个到另外一个，能不能从小的流量池到大的流量池，核心是看用户的反馈数据。想让笔记有更大的曝光量，获得更多流量，有三个重要的影响因素：你、用户、你和用户的互动。想做好这三部分，你就要做好账号策划、寻找情绪共鸣点和及时复盘总结这三个步骤。

1. 账号策划

新手做账号的第一步，就是要弄清楚自己的定位，你要告诉别人你是谁，你能跟大家分享什么，你喜欢什么或是自身有什么亮点。还是苏格拉底的那句名言，"know yourself"（认识你自己），很多新手可能都卡在了这第一步。

我在做"吕白聊内容"这个账号的时候，刚开始我就在想我能为大家提供什么。那就是我这么多年在新媒体行业积累的经验，我在各个平台的一些运营心得，以及我自己还算有趣的人生经历。这就是我自己对这个账号的定位，这个定位就决定了我以后发布内容的核心是什么。无论是教大家怎么做小红书，还是如何逆袭的方法，都能帮到大家。

找好自己的定位以后，你要看看有没有对标的账号，从而了解你发布的内容有没有人愿意看。你要确保你发布的内容是有特定的人群想去了解的。我之前有个朋友，想在小红书上做挖掘机相关的内容，因为小红书上女性用户偏多，不是说挖掘机完全没有市场，但市场确实没那么大。你可以搜一下小红书上专门做挖掘机的账号，能做成的寥寥无几。所以要给自己一个有市场的定位，生产有市场的内容。找对标的本质，就是验证你的内容能不能在小红书上成为爆款，能不能在小红书上赚到钱。如果别人的内容都没火，你也别做了，说明这方面内容没什么人愿意看。

2. 寻找情绪共鸣点

凡是成为爆款的内容，一定是跟用户产生了情感共鸣。用户每一次点赞搜索，一定是因为这个东西要么对他有价值，要么触发了他的某种情绪。我们做新媒体，有两条核心法则：一个是"和我有关"，另一个是"对我有用"。

很多学员经常问我，自己特别认真地写了一篇笔记，但就是数据不好。如果你也有这种问题，我建议你每次对自己做的内容换位思考一下：你作为用户，想不想看你自己的内容，想不想给你的内容点赞，这个内容能不能给你带来价值，你会不会滑走？

做内容一定要有利他之心，你要让别人能够从你身上得到些什么。就像《道德经》里说的，"将欲取之，必先予之"。你想获得什么，就要先给予什么，比如想获得关注，你就要先传递自己的善意。

3. 及时复盘总结

新手刚开始做账号时，其实对爆款的感觉是比较差的，这时候就要多看看你这条赛道里的爆款内容。所谓外行看热闹，内行看门道。我现在每天依然要看各种爆款视频，这个过程不像你平时刷视频，单纯为了娱乐，你是需要边看边思考的。看到一条爆款视频，你要主动去想别人的标题是怎么起的，内容的亮点是什么，评论区有没有关键信息。要学会有效获取信息，看和看是不一样的。没有思考的看就只是看，而带着思考的看，才能学到别人的长处。

除了看爆款，你还要学会分析自己的内容，要给自己定目标，学会看数据。新手做账号的时候，这些都要做起来，而不是做了一些内容，一看数据不好，直接就不做了，那你永远都做不起来。

你要知道你做的好的内容为什么好，你要不要继续复制，比如"21天逆袭人生"系列，当时发现第一条视频火了，那我就要接着做下去。但是有些内容就是不火，我们就得避开它，比如我做职场类的视频就是不火，我以后就不会再做这个方向了。

最后做一个总结，新手做账号分为三步：第一步账号策划，第二步寻找情绪共鸣点，第三步及时总结复盘。我把我一直践行的一句话送给刚开始做账号的你：用正确的方法做正确的事情,然后坚持下去。我给大家分享一个爆款公式,请大家注意,一定不要忽视足够多的优质内容这个关键因素。

70% 的爆款相似度 × 足够多的优质内容 = 爆款

4个获取隐藏流量的功能

1. 互动组件功能

互动组件是小红书社区推出的新型互动玩法。其固定展示在笔记正文下方、评论区上方，可以吸引用户参与内容互动，有利于提升笔记互动率。

互动组件在提升你笔记互动数据的同时，还能让你的笔记有更大的流量曝光。互动组件分为PK组件和投票组件两种玩法：如果想了解用户是否已经掌握了你的内容，可以用PK组件；如果想了解大家对哪个行业的前景更有信心，可以使用投票组件。

2. 订阅"笔记灵感"

点击"创作中心",下滑找到"笔记灵感",选中你所在领域内感兴趣的话题,不要直接发布笔记,而是在"笔记灵感"选题下面点击去发布。这样不仅可以瓜分百万流量,坚持打卡还能获得额外的流量券,让你的笔记拥有源源不断的长尾流量。

3. 用好章节设置功能

如果你的视频时长在两分钟以上,建议你在发布时把视频划分好时间节点,打上小标题再展示出来,这样可以极大提高你视频的完播率。你可以在手机端发布时选择章节设置,也可以在网页端的小红书创作者服务中心发布时设置章节。

4. 选择自带流量的地标

在选择地点的时候,注意选择你所在地点的标志性建筑或网红胜地。自带流量的定位可以帮你做好流量助推的最后一步,同时还能把你的笔记推荐给附近的人。

蒲公英平台门槛放低，新人博主变现的机会来了

你还在为粉丝量不到5000，无法开通蒲公英平台接广告而发愁吗？现在只要粉丝量超过1000，就可以入驻小红书蒲公英平台。

除了降低准入门槛，蒲公英平台原来的博主评估体系也由信任等级调整为健康等级，分为优秀、普通和异常3个等级。很多人可能会问：这个等级对博主来说重要吗？答案是非常重要。通过这个健康等级，我们可以了解自己账号内容和流量的健康状况。如果你的账号等级是"优秀"，你将会拥有更多平台主动推荐内容合作的机会，也就是可以有更多广告变现的机会。

相反，如果你的账号健康等级是"异常"，说明你的违规操作有点多，那你从现在起就要开始注意自己平时的操作了。但也不用担心，健康等级每个月都会更新一次，所以还有补救的机会。如果你是无意识违规的话，建议你在发布笔记前，先了解一下哪些行为会被判定为违规，可以关注@薯队长，上面会经常更新一些违规行为。事先了解清楚平台的规则，你才能避免无意识的违规行为。

具体怎么查看自己的健康等级呢？打开"我"，点击右上角的"PRO"标志，选择"品牌合作"，再点击"我的"里面的"健康等级"，就可以查看你的健康等级了。

6个月没更新还能涨粉1万+？全靠搜索流量来助力

能不能在不更新作品的情况下，仍然可以每天涨粉，点赞、评论数据也能持续上涨呢？我曾经就在半年没有更新笔记的情况下，依然收获了1.5万的新增关注，半年前发的笔记现在每天还有几百个点赞，这些都是搜索流量带来的长尾效应。这一节我就给大家讲讲搜索流量的价值。

首先，我们要清楚小红书两大主要流量类型：推荐页流量和搜索流量。推荐页流量就是你的笔记在发布后被小红书主页推荐给一定的用户，你的笔记点赞、收藏、互动数据越好，平台就越会把你的笔记推荐给更多的人，这种流量带来的用户更广泛。

而搜索流量更看重你笔记中有没有相关的关键词，当用户主动在平台搜索相关关键词的时候，你的笔记排名靠前就会更容易被发现，这也能够为你带来源源不断的流量。而且搜索流量带来的用户一般都是有具体需求的用户，更容易转粉和实现后期变现。

有数据显示，90%的小红书用户在购买前会先进行搜索。很多用户把小红书当成种草搜索引擎来用，比如搜索减脂餐的一般都是想要减脂瘦身的人，搜索珠宝的购买珠宝的意愿也更强。所以，设置好搜索关键词能够获得更加精准的流量，收入也更加可观。怎样才能设置好关键词，提升搜索流量呢？

在封面、标题文案和正文中设置精准关键词

举个例子，如果你是做减肥赛道的，那你可以先搜索一下关键词。在搜索框里输入"减肥"，就会出来很多和减肥相关的衍生关键词，比如"减肥餐食谱""减肥零食""减肥操""变瘦"等，这些都是用户经常搜索的关键词。

把那些热度高、想被用户搜索到的关键词放在你的标题、封面文案以及正文中,平台算法可以自动识别这些关键词,给你的内容打上标签,用户搜索这些关键词的时候,你的笔记就会出现在前面。之前有学员问我:视频的正文又没人看,为什么还要设置关键词呢?虽然这里没人会仔细看,但这部分内容是会被算法识别到的。你可以翻一下我过去所有的视频笔记,正文部分都是设置了关键词的。做视频其实就是一步步优化细节,一定不要小看你的每一步。

我再教给大家三个设置关键词的具体方法。第一个方法是用户群体+赛道,比如学生党美妆、职场人士穿搭,在直击精准用户的同时,又涵盖了视频的主要内容;第二个方法是热词+品类,比如××明星同款卫衣,××影视剧角色同款穿搭;第三个方法是功能+品类,比如小个子穿搭、减龄穿搭等。

在笔记里添加话题标签

点击"#",输入你的搜索标签词,就会自动显示这个词的热度。你可以多比较几个同类的关键词,选择话题热度高的放在笔记末尾,你的笔记被搜索到的可能性就会越高。

另外,还有非常关键的一点,不管是关键词还是话题标签,都不要堆砌一些与你的笔记无关的词。很多人觉得只要添加的关键词、话题标签够多,就会有更多流量,所以一下子放了三四行关键词。事实是,无关的关键词堆砌得越多,平台算法识别越混乱。笔记标签定位不精准,不仅会减少用户搜索到笔记的次数,还有可能被误判为广告,导致账号权重变低。千万不要犯这种错误。

新手做账号，千万别踩这 10 个坑

"为什么同样的话题，别人有几万个赞，我的却没人看？""为什么我都坚持这么长时间了，还是没有一篇爆款？""为什么我就是不涨粉？"我发现大家在运营账号的时候存在一些相似的问题，这一节我就给大家讲讲新人博主最容易犯的 10 个错误。

首先我们要明确一点，没有人能完全准确地制造爆款。新媒体本质上就是一个概率游戏，70% 的爆款相似度 × 足够多的优质内容 = 爆款，一定会有长久稳定的涨粉，但是没有任何一个人敢保证自己发了一篇笔记就会火。这个公式很简单，但真正理解其精髓的人太少了。大部分新手想的都是：为什么我的号就是不火？别人的笔记很一般，怎么就火了呢？如果你也是这样，那你一定要仔细看看这一节，千万别踩这 10 个坑。

1. 选题不够吸引人

关于选题，很多人都存在一个特别严重的问题：不看数据，自我陶醉。自媒体发展到现在，正所谓"太阳底下无新事"，某个选题做的人不多，一定是因为这个选题不够好，而不是别人没发现。因为相关的数据太差了，所以你根本搜不到它。一般爆款选题至少要符合这两点才是合格的：一是发现了某种情绪，迎合了某个热点；二是解答了长久以来存在的某个问题，满足了人们的好奇心。核心依然是"和我有关，对我有用"。

我给新手的建议是，前期先在小红书上搜索一下，如果能找到 3 个点赞数过万的相同选题，这个选题就可以做，否则就不要做。等后面你有了一定的粉丝基础，并且对平台调性有了一些感觉以后，可以尝试自己根据热点，针对你的粉丝来做选题。做之前也要把关键词放在小红书或全网各平台上搜索一下数据，为你提供选题依据。

2. 爆款相似度不够

研究爆款内容需要研究它的选题、封面、标题、内容、行文结构、评论区等，一定要把这些工作做得足够细致。一篇爆款笔记不一定在所有方面都做得很好，但一定有其好的、值得借鉴的地方，你要看到并运用起来，而不是简单地去模仿其中的一个。

比如我的朋友阿珍，也是我之前的合伙人和学员，她每次在粉丝增长到了瓶颈期时，就会做爆款视频拉片，一帧一帧地看，找到适合自己学习的点，最后通过修改封面、排版加上时间线总结，突破数据瓶颈。大博主已经证明这么做有效了，你还不赶快行动起来。建议大家选取同领域的50条爆款视频，从选题、标题、开头到金句、结尾、评论区，把这些视频一帧一帧地拆解一遍。

3. 内容杂乱，垂直度不够

通过 10-3-1 法则定位后，你最多选择 3 个相关领域来发布内容。不能想发什么就发什么，也不能看热点是什么就发什么，一定要想想这个内容适不适合你的定位，不适合的宁可不发。否则即使有一篇笔记爆了，你也没办法涨粉。

为什么一定要足够垂直呢？一个重要的原因是有利于涨粉。因为用户关注你的本质，是他通过你现有的笔记，对你未来可能发布的内容建立起的心理预期。预期越稳定，用户就越愿意关注你。而且垂直度越高，你的账号权重也就越高。简单来说，就是你在官方平台的地位就更重要，因为每一个垂直领域的运营普遍只喜欢扶持自己垂直领域里的内容。

4. 封面难看且不统一

很多封面排版混乱，图片模糊，基本上没什么可取之处。给大家几个建议，封面一定要高清，背景不要杂乱，封面上的字数不要多，关键字要大。这里有个误区，很多人喜欢用一些小众的字体，这会导致内容不清晰，建议用正常字体。像之前我的一个同事，特别喜欢用少女字体，歪歪斜斜的，只有她自己觉得可爱，其实别人都看不清楚是什么字。

对于封面，除了要有自己的审美以外，一定要多去找几篇爆款笔记模仿对标，然后固定自己的风格。我现在的视频封面，也是结合了很多个爆款以后选出来的最佳模板，像人的位置、图片颜色，以及上面的小字，都是经过精挑细选的。

5. 标题平淡且无趣

小红书首页是瀑布流封面，因此标题是提升点击率的关键，大家一定要认真对待标题。另外，平时一定要养成积累标题的好习惯，刷到别人的笔记时，问问自己为什么会点开；自己发布笔记时，问问自己想不想点进去。

6. 内容质量不够好

很多人单纯是为了发而发，内容质量不好也不自知。

大家一定要有精品意识，宁缺毋滥。注意行文逻辑，少说废话，要么信息增量足，要么情绪价值够。建议大家发布笔记前自己最少读三遍，看看是否通顺；再在别人面前读一遍，看看别人能不能快速理解。

另外，多关注相同选题的评论区，看大家关注什么，在视频里就重点讲什么。还有一点大家一定要记住，20% 的内容能够带来 80% 的粉丝和 80% 的流量，所以内容越精越好。

7. 整体视觉效果差

小红书的平台调性还是以图文为主，而且因为女性用户偏多，平台的内容审美水平也比其他平台高很多。视觉效果好，你的账号就已经成功了一半。很多人说自己不火，他们内容的整体视觉效果一看就很差，怎么能火呢？一定要注重整体的视觉效果，从封面排版到文案排版都要注意。多看优质笔记，学习别人做的好的地方。

8. 人设不清晰

头像、昵称、主页、简介四件套都要突出人设,足够吸睛。很多人喜欢用英文名或是自己的昵称作为账号名称,这些都缺乏记忆点,你又不是明星,人家一看名字也不知道你是干吗的。你的名字前面应该加上品类,头像最好用真人照片,昵称要跟你的内容相关,个人简介要一句话讲明白你是干什么的。大家一定要记住,千万不要自我陶醉,你要让别人能够快速地一眼就了解你,这样别人才有可能点开你的主页或是关注你。

9. 不重视评论区互动

能火起来的笔记一定都是有话题的,评论区无一例外都是吵得热火朝天,不同的观点互相碰撞。如果评论区死气沉沉的,那这篇笔记一定火不了,因为算法本身就是看你的互动率,评论区就是互动率非常重要的一环。一定要重视评论区,发完笔记后置顶一些评论,引导一下评论的走向,或者找朋友发一些不同的观点,提高笔记互动率，让你的评论区活跃起来。

10. 少删笔记

可以隐藏笔记，但不要删除，因为这会影响账号的权重。作为博主，我们虽然不能预判笔记的火爆程度，但可以通过自查，让笔记达到优质内容的标准，这样持续更新优质内容，你的账号就一定能做起来。

做自媒体最不能少的就是用户思维。所谓用户思维，就是站在新手的角度上审查自己的笔记。很多优秀的博主，都可以做到自我批判。大家在发笔记之前一定要多问问自己：这篇笔记是我想看的吗？整体视觉效果可以吗？笔记内容有增量吗？排版清晰吗？评论区有话题吗？如何引导评论？问完这些问题以后，你才能更好地做内容。

你也可以组建一个笔记内测群，找几个好朋友，标题怎么起，选题够不够吸引人，这些都可以让大家帮忙看看。这是一个可以让你快速成长的方法，通过这样的反馈，你就会逐渐形成自己的用户敏感度。

不要着急，做好手上的工作，耐着性子真正地去分享、去做内容，不断学习进步，你就会收获一份满意的答卷，以及一个更好的自己。

品牌在小红书做企业号的 5 种方法

1. 账号人设与核心内容规划

树立品牌人设,构建人物小传。通过研究小红书用户的关注焦点,挖掘可以与人设产生交集的热门话题,并对账号运营进行详细的梳理与规划。

2. 深入贯彻品牌年轻化战略

善于玩梗、造梗,做一个有意思、有内容、有价值的品牌。

3.账号抽奖、私域运营

基于品牌人设出发,丰富抽奖形式,激发用户活跃度。擅用抽奖工具但不要依赖工具,同时在私域运营过程中,利用人设拉近品牌与用户的关系。

4.用户互动技巧、产品价值打造

和用户做朋友,听取用户的建议并及时给予反馈。为产品赋予情绪价值,在与用户互动的过程中获取更多的内容灵感。

5.爆款研究、品牌联名

深耕行业底层,分析爆款标杆产品。多和同行交流经验,借助联名实现品牌共赢。

PART 4

手把手教你做出爆款笔记

你和爆款视频之间只差一个公式

做出爆款视频其实没有你想象的那么难,只要掌握了下面这个公式,你就能轻松找到网感,做出爆款视频。

黄金 3 秒开头 +2~5 个爆点 + 白金结尾

黄金 3 秒开头

想知道一条短视频能否吸引用户,只需要看前 3 秒就够了。如果 5 秒内没有吸引观众,那么你的视频就不会被推荐到更大的流量池中,流量就会越来越少。

怎样才能在前3秒就快速吸引用户呢？

可以在视频开头直接抛出激烈的矛盾点，减少铺垫，快速触达用户的关注点。视频中一定要有矛盾，要么是大家最痛恨的行为（如插队、抢座等），要么是激烈的争吵，要么是引人深思的问题，要么就是最近的热点事件。

总之，要做到让用户看完前3秒内容，注意力就被快速吸引过来。短视频中的每一秒都关系着视频的内容密度与输出节奏，每一秒都有它的作用。

2~5个爆点

开头3秒把用户吸引过来以后，后面关键的就是信息点要足够多，每条爆款短视频一定要具备2~5个爆点。举个例子，之前抖音上非常火的一种玩法是，男孩和女孩在地铁上扶着栏杆，女孩慢慢地把手往下伸，想握男孩的手，紧接着男孩靠近握住了女孩的手。

后来抖音上有很多博主模仿这个视频，其中最火的一条视频脱颖而出的点不是拍摄手法多好，也不是男女主角的颜值有多高，而是这条视频里出现了一个观众，他的笑容特别夸张。点赞前三的评论都在说这个人的笑容。就是因为这一个点，这条视频成了这种玩法里最火的那个。

很多人都很好奇，为什么一个没有多少粉丝的账号拍出来的内容也能爆火？那是因为它在有限的时间内，为用户提供了足够多的信息点，而这些信息点又制造出了足够多的评论点，从而持续提升视频的热度。

白金结尾

就像写文章要求"豹头凤尾"一样，短视频的结尾也一样，常见的结尾一般有互动式、共鸣式和反转式三种。

互动式结尾就是在视频结束时和用户互动，问一下用户有没有类似的经历等。共鸣式结尾就是在结尾处放一个特别容易产生共鸣的句子，能够吸引用户转发。反转式结尾在微博高赞或网易云热门评论中经常会看到，一般是通过讲述、表情、动作在结尾部分强行进行反转。

PART 4　手把手教你做出爆款笔记

选题都错了，怎么会有流量呢

通常来说，选题能够决定一篇笔记80%的流量。新人博主和专业博主的差距就在这里，很多新人博主压根儿不知道怎么找选题，自认为找了一个很好的选题，忙前忙后把内容赶出来，结果只有几百的阅读量，还不知道自己错在哪里。其实你从一开始就输了，选题方向不对，一切都白搭。怎样才能找到爆款选题呢？核心就是两个字——方法。这一节讲的方法可复制、可操作。

1. 先找词，再模仿

很多人认为模仿＝抄袭，以前我也同意这个观点，尤其是看到别人取得成功后，为了和别人不一样，总是想用不同的方法达到同样的水平，结果走了很多弯路。看完《模仿的技术》这本书后我才知道，学会模仿其实是让我们站在巨人的肩膀上看世界，实现创新和突破。学会了模仿，你离做出爆款就不远了。

首先，根据你选定的定位，搜一下相关的关键词。比如你想成为一个时尚博主，那你就去搜一下"时尚"，然后点开"最热"，系统就会根据热度排序，显示时尚领域里的热门笔记。

我们写笔记的时候，一定要

把重复的爆款都写进去,因为它们就是不变的爆款要素。同时,为了做出增量,就需要做到差异化,你要学会看爆款笔记的留言区,高赞评论是一把利器,它们会告诉你爆款还有哪些内容没有满足受众的需求,有哪些内容是受众关心的。如果你想做别的领域,同样也可以这么做。

2. 两种必火的选题模式

一是聚合类选题。小红书最核心的功能就是种草,大家平时会收集一些对自己有用的干货内容,方便以后有需要的时候可以快速找到。什么类型的内容更容易被大家收藏呢?答案就是聚合类的干货,这类内容的特点是知识点密度极高。

如果你是自我成长型博主,可以发布类似这样的内容:想靠××赚钱,推荐这5本书。这种类型的模板屡试不爽,因为大众普遍对赚钱的事情非常感兴趣。

如果你是职场类博主,可以分享一些给职场人的实用干货,比如"制作表格必备技能"。

如果你是旅游博主，可以发布类似"出国旅游必备的几个App"的内容。"kikik爱旅游"这个账号是我们当时从0开始做的一个新号，就是靠前面这篇文章狂涨3000多个粉丝，吸引的全都是想去日本旅游的精准粉丝。

二是同款类选题。同款一般是明星在日常生活、综艺节目或热门影视片段中用的一些同款的东西（如衣服、香水等）。如果你是时尚博主，就可以做一些和明星相关的内容，比如平价潮牌；如果你是旅游博主，就可以总结一些明星吃过的美食或者去过的地方；如果你是数码博主，就可以做一些明星同款设备的测评。

3个网站,让你拥有源源不断的选题灵感

对内容创作者来说,最重要的是什么?有人说是选题,有人说是脚本,还有人说是剪辑。在我看来,是能够持续不断更新的节奏感,能够为用户稳定地生产优质内容。这一节给大家分享一下我最常用的3个新媒体网站,让你拥有源源不断的选题灵感,轻松实现"日更"。

1. 考拉新媒体导航

很多做新媒体的人经常遇到的问题是,一开始做内

容就要打开一堆网站链接，疯狂寻找灵感。这个网站让很多人都松了一口气，它是一个聚合了众多新媒体工具的网站，涵盖排版工具、在线做图、高清图库、运营干货、视频制作、舆情分析等功能。别人花几个小时才能找齐的网站，你几分钟就找完了，可以极大地提升效率。

2. 新媒派

这个网站非常适合新媒体小白，涵盖了新媒体工作的方方面面，从产品运营、内容运营、App 运营、电商运营、用户运营、活动运营，到数据分析、视频制作、热榜指数。如果你也是新媒体创业者,这个网站真的非常适合你,它能帮你迅速提升运营能力和工作效率。

3. 内容创作平台"就看"

这个网站上有一个栏目叫"代表作",里面有各种各样的稿件,新闻稿、企业通稿、人物专访、演讲词、短视频脚本等,对内容创作者来说是一个非常好的学习平台。此外,该网站上还有很多设计和营销投放的优秀案例,是新媒体人学习的必备网站,绝对能为你打开新世界的大门。

2 小时玩转小红书

PART 4　手把手教你做出爆款笔记

内容创作者的万能工具

我们想做好视频，需要用到两种工具：一种是关于视频创作的工具，比如选题、金句怎么找，脚本怎么写，怎么判断你生产出来的是不是优质的内容；另一种是围绕内容所做的一些优化，比如用什么设备拍摄、用什么工具剪辑、怎么美化视频等。

这一节我们先来讲讲第一种，关于内容创作的工具。我的学员经常会问我一些问题，比如他知道要去找选题，但不知道该去哪儿找，应该用什么软件写脚本，去哪里找金句，不知道为什么就被限流了，写了这么多到底会不会火……如果这些也是你的问题，那你一定要好好看看这一节。

1. 选题灵感

推荐你直接看小红书上的"笔记灵感"。"笔记灵感"是小红书平台推出的热点服务功能，直接在小红书搜索"笔记灵感"就能找到，里面有很多垂类内容。比如你想了解美食领域最近哪些话题比较火，点开"美食"，你就能看到"宿舍版DIY蛋糕""软糯青团一口一个"等热点内容。当你点击一篇笔记时，你就能看到这个选题下面的很多示例，你可以看看别人的文案是怎么写的，图文是怎么排布的，好好学习一下。

2. 写脚本工具

如果你的视频是口播，我推荐你使用飞书App的思维导图功能。"飞书"的思维导图是允许多人同时协作修订的,而且可以随时随地云存储,就不用担心忘记保存了。

3. 金句检索

我给大家推荐两个工具。一个是轻抖 App。它有一个文案提取功能,可以找一些你觉得特别好的视频,看看别人是怎么讲的,视频结构是怎么样的。你可以把这些优质内容的链接放进去,一键导出文案;可以在别人文案的基础上，再去内化一些自己的东西。

另一个是"句子控"。里面有很多名人名言、电影台词。假如你是成长类博主，那么"人的一切痛苦，本质上都是对自己无能的愤怒"这句王小波的经典语录就可以用到你的文案里。

4. 违禁词检索

在小红书上，如果你的内容违规可能就会被限流。你在写脚本的时候，假如不确定内容会不会违规，你可以用轻抖 App 上的"违禁词检测"或是"零克查词"先检索一下，这样就能尽可能

地避免被平台限流。

5. 视频修改工具

不知道你的内容会不会火，不知道该怎么修改文案，我推荐大家使用"巨量创意"，它可以给你的视频打分。打开巨量创意的网页，选择"创意灵感"下面的"创意工具"，点击"素材投前分析"，选择自己所属的赛道，把视频传上去，它就会给你的视频打分，并且会给你一些修改建议。

3分钟搞定视频拍摄、剪辑全流程

1. 拍摄

先给大家介绍一个我一直在用的拍摄软件——剪映App。我一般直接用"剪映"拍摄,美颜滤镜都可以自己调。我再给大家一个拍摄参数,滤镜自然美颜不要超过40,比例直接选择4∶3或16∶9,这两种比例可以完美适配所有平台。

"剪映"还有一个非常好的功能,那就是它支持分段拍摄。因为我们很多时候不可能一次就把一段内容说得特别好,分段拍摄就帮了我们很多忙,尤其对新手非常友好,不用担心自己镜头表现力差,讲话没有其他博主那么顺。其实大多数博主都是讲一段录一段，暂停看下稿子再录一段。千万不要想着能一录到底，如果碰到卡壳的地方就重新录，就太浪费时间精力了。

2. 提词

我自己录视频一般就是两种情况：一种是我特别熟悉的话题，我会列出提纲自由发挥，这样拍出来的视频会更加自然；大多数情况我还是会写逐字稿。为什么一定要写逐字稿呢？因为我是本着对大家负责的态度，如果我自己随便说，可能讲着讲着就跑题了，或是干货密度不够。

写了稿子以后，我就能在有限的时间内提供足够多的信息，这样看视频的人也会觉得很有收获。我建议新人博主们都写一下逐字稿，但千万不要背稿子，大家要学会借助工具的力量。99%的博主拍视频都会用逐字稿。我每次录视频，前面其实就有一个提词器，我都是边念边表达，边念边发挥，这样既能保证视频中信息的密度，也能更好地向大家传递情绪。

3. 剪辑

"剪映"也是目前短视频领域最好用的剪辑软件，除了那些篇幅过长的内容外，它基本上能完美满足15分钟以下的剪辑需求。对新人博主来说，我首先推荐大家使用"剪映"，再教大家几个剪辑的小技巧，帮助大家提高效率。

导入视频以后，大家可以先调整声音和速度，以免剪辑后再一段一段调整太浪费时间。再就是先用文字识别功能把字幕识别出来，你就知道哪一段是在长时间沉默，这种就可以直接剪掉，免得来回听。这么几步下来，修改一下字幕，重点部分加一些花字突出一下，再用"剪映"直接做一个清晰美观的封面。这样，一段视频从拍摄、剪辑到封面制作就全都完成了。

"剪映"还有一个非常厉害的云备份功能。我一般是用手机拍摄，直接上传到云盘进行备份。这样我就可以用电脑剪辑，省得来回传文件，真的是非常高效。

如何制作高点击率封面

别人的封面总是让人想点进去看看,自己做封面的时候却总是看着屏幕前的图片不知道从何下手。为什么同样是封面,你的封面总是淹没在一众封面中?

大家可以留意一下,同样的内容用不同的封面,发布以后效果可谓天壤之别。所以真的不是你的内容好,流量就一定好。你的笔记能否进入更大的流量池,90%以上的因素取决于你的封面。基于多年的自媒体经验,我只要看一眼封面就知道这篇笔记能否成为爆款。这一节我就给大家分享一下高点击率的爆款封面制作法则。

法则 1　封面最重要的是一击即中

基于小红书的双瀑布流特征，图片再美，视觉冲击力再强，也没有文字来得直接、震撼。因此，美图＋文字＋排版才是妥妥的流量密码，能够瞬间击中用户的情绪，调动他的好奇心和窥探欲，让他忍不住点开你的笔记一探究竟。

法则 2　做好信息层级分类

明星和网红都有很强的人设属性，所以他们的封面文案采用单行的排版是没问题的，素人还是更适合上下双行的排版形式。我们首先要明确封面的一级信息、二级信息和其他信息，例如 vlog 博主通常会用多图剪裁排版来增加用户的停留时长；美妆减肥和好物分享博主通常会用图片对比的形式，给用户较强的视觉冲击，再通过文字的色彩对比和大小搭配来吸引用户；情感和娱乐博主会用分散结构排版，结合中间的文字内容作为补充，让美感和娱乐性更足；知识博主常使用笔记和思维导图作为封面，显得干货满满，可以迅速抓住用户的眼球。有效的排版既可以增加文字容量，还可以把用户痛点和解决方法很好地结合起来。

法则3　找到适合自己的模板

一旦确定了风格，你就可以一直沿用这个模板。一来能够保证你封面的审美、完整性和统一性，提高转粉率；二来可以提高工作效率，避免重复劳动。相信我，按照这个方法操作，你的数据会非常可观。

除了这3个基本法则，我再给大家分享3个更具体的实操方法，大家做封面的时候可以操练起来。

方法1　使用竖屏封面

封面比例为3∶4，竖屏封面比横屏封面的展示面积更大，同样放在小红书首页的瀑布流中，竖屏封面占的面积更大，而横屏封面的面积只有一点。竖屏封面更容易被点开，因为它的面积更大，更容易吸引用户的目光。

我刚开始做账号的时候，封面点击率可能只有3%，当我把封面变成竖屏后，封面点击率一下子提高到了6%。内容和其他东西都没变，只是因为我的封面变成了竖屏，封面的展示面积变大了，被点击的概率也就增加了。

方法 2　突出主体人物，人物清晰度越高越好

主体人物一定要占据整个封面的 60%~70%，这个人物占比最符合用户的浏览习惯。如何提高人物清晰度呢？我们可以在拍摄视频时单独拍一下封面，再加一下美颜，适当调一下光，保持封面背景干净。我每次录完一段视频以后，都会再摆各种姿势拍几组封面图，千万不要直接从视频里截取图片，

因为截出来的图非常模糊，也很难截到适合做封面的图。

方法3　优化封面和关键词

封面最重要的特点就是要吸引用户，上面的文案非常重要，该如何优化封面文案呢？

（1）突出重点，善用关键词

在封面上添加关键词，不仅能让用户一眼就看到你想要分享的具体内容，更重要的是这些关键词有利于平台的分发和推荐。比如"年入百万和年薪百万的区别""北大学生如何年薪百万"，其中"年薪百万"就是关键词。又像是"100天彻底开挂逆袭人生""3招无痛改变自己"，关键词就是"100天""3招无痛改变"。

（2）在封面和标题中添加数字

相比文字，数字更能抓人眼球，也更容易被人记住。数据的佐证能提升可信度，数字的表达也更加客观。用

户看到你的标题后，可以马上知道你的视频要分享哪几个方面的内容。比如我这几个视频的封面，"一年顶 10 年，4 个时间管理法""起床后的黄金 1 小时，1 小时抵 48 小时""一年存下 7 位数，财富密码！搞钱必看！""快速涨粉，靠自媒体月入 60 万""彻底杀死拖延症，专注力暴增 500%"，上面的文案里全都用了数字。

（3）贴近用户，引发共鸣

如果你的标题能切入到人们生活中常见的高频场景当中，能够让用户产生共鸣，那你的视频被点开的概率就提高了。比如"优秀的人内心都是经历过痛苦的""生活中的大多数人都经历过什么样的痛苦""大学里独来独往的我后来怎么样了"。

（4）引起用户的好奇心

像"2023年你只答应我一件事""变自信你只需要做一件事"，这样的封面标题都很容易引起用户的好奇心。另外，你还可以通过emoji表情来吸引大家的眼球，比如"一年顶10年，4个时间管理法"，再加上emoji闹钟表情，这样放在封面上更加直观形象，比单纯的文字更能引起别人的注意。

具体应该怎么制作封面呢？比如说用"黄油相机"，我们首先打开黄油相机App，导入图片，调整布局比例为3∶4，再添加文字，"黄油相机"里有非常多的字体供你选择，还可以添加各种各样的贴纸，最后再加上emoji表情。大家可以多看看其他优秀博主的封面，从文案、标题、表情到人物，逐步进行优化和迭代。

PART 5

小红书的 6 种变现模式

报备广告

报备广告就是通过官方的蒲公英平台来接广告。蒲公英平台是小红书为了对接博主和品牌合作所设立的平台，你可以在"创作中心"里面找到它。入驻蒲公英平台的条件是粉丝量1000以上，并且需要开通专业号。你通过蒲公英平台接广告，平台会扣掉广告费的10%作为管理费，这就相当于你交了10%的广告费，平台就不会再对你的广告进行限流。另外，在实际操作中PR（品牌公关）还会要求20%的返点，所以大家在做报价的时候要适当留出一定的空间，适当多报一些，这样你自己到手的钱就能多一点。

不报备广告

有些品牌方觉得你的内容不错，会通过私信的方式找上门。这种合作一般会要求软性植入，比如我推荐5个商品，里面有一个是软广告，遇到这种情况，你和品牌方私下沟通就可以。但这种做法是有风险的，平台一旦识别出来，就会对广告进行限流。

既然有风险，为什么有些博主还愿意接广告呢？一个是因为有些博主粉丝量不到1000，没办法通过蒲公英平台接广告。另一个是对于能开通蒲公英平台的博主来说，小红书实在是太受品牌商青睐了，广告客户非常多，但蒲公英平台对广告数量有限制，所以博主们尽量不从蒲公英平台接广告。

开专栏课程

小红书平台会邀请一些在自己领域里有专业积累的博主来开通专栏课程，比如我就接到过小红书平台的邀请，开通了小红书运营相关的课程。如何开通专栏课程呢？现在小红书实行的是邀请制，你可以点击"创作中心"里的"主播中心"，看一下自己有没有开通专栏课程的权限。如果没有的话，可以发邮件申请，在邮件中注明你的昵称、粉丝数量、个人主页、开课方向以及联系方式，方便审核通过后工作人员能联系到你。需要特别注意的是，目前开通专栏课程需要小红书粉丝数量超过1万。

引流私域

我有一个学员是卖翡翠的,很多时候不太方便在小红书的官方店铺上进行交易。他就用自己的账号引流私域,每天大概能有5单的成交量,每笔客单价能有2万元。这样做也有一定风险,因为官方是不提倡这种行为的。我建议大家,如果有产品,还是尽量放在小红书的官方店铺来进行交易。

小红书官方店铺

你需要先开通专业号,才能有权限申请开店。开店铺对于粉丝量没有要求,但是需要交保证金和佣金。开店流程是什么呢?在"我"的页面上点击右上角的"PRO"标志,选择"内容变现"里的"主页店铺",再点击"我要入驻",选择店铺类型,按要求填写各类店铺的信息,平台审核需要 1~5 个工作日,接下来就是签合同,交保证金。目前可选的店铺有个人店铺、个体工商户、普通企业店和专卖店,不同类型店铺的保证金、佣金、经营类目和入驻要求都各有不同。

直播带货

小红书在 2021 年获得了腾讯领投等几家企业的 5 亿美元的融资,估值已经达到 200 亿美元,下一步计划肯定是准备上市了。要上市就必须做 GMV,而广告业务很难在短时间内有非常大的增长;想做大 GMV,直播带货是小红书必须突破的门槛。小红书现在的直播还没有那么卷,甚至直播业务还没怎么做起来。

PART 6

300万粉丝操盘手快速涨粉、爆款笔记背后的秘密

PART 6　300万粉丝操盘手快速涨粉、爆款笔记背后的秘密

六大涨粉秘诀

首先,我们要理解小红书的推广机制。我之前在腾讯负责平台运营,那时我就知道让任何内容成为爆款,必须得符合平台的算法。在信息流时代,一般都是机器推荐,跟人没有关系,如果你的内容不符合算法,它是不会火的。

怎样才能了解小红书的算法呢?小红书的算法总共分这么几个流量池:初级流量池、中级流量池、高级流量池、特级流量池,还有一个S级流量池。流量池是层层递进的,那么,从小的流量池到大的流量池之间的关系是什么呢?

其中很重要的一个指标是互动率。互动率就是用你的点赞、评论、转发、弹幕的总和除以你的播放量所得到的值，比值越大，表明你的视频就越火。怎么做才能提高比值呢？你要学会引导用户关注，像我在每条视频里都会说，"视频干货满满，一定要记得点赞、收藏和关注"，这些都是为了提高互动率。大家一定要知道，你的互动率源于你的精心运营，你在视频里说了这些话，就能比不说提高20%的互动率。

1. 提高完播率

一条视频共有10 000人观看，其中9000人看完了，用9000除以10 000就是这个视频的完播率。怎样才能提高完播率呢？我拍了那么多视频，总结出来的结论就是：你的视频越短，完播率越高。一条视频，如果不是有特别多的干货，我们是不会录那么长的，因为录的时间越长，它的完播率就越低。

2. 优化封面

不管你的视频是适合横屏看还是竖屏看，封面一定要是竖屏的。因为在小红书首页的瀑布流中，竖屏封面的点击率远高于横屏。我的视频封面从横屏换成竖屏以后，点击率从3%提高到6%，一下子提高了1倍，这是什么概念？相当于1万个人刷到这条视频，本来可能只有300个人点进来，现在变成了600个人。

另外还要优化封面标题。很多时候可能我们加了一句话，别人就会愿意点开视频；如果你不加这句话，别人可能就不会点开了。

最后是通过添加emoji表情来提升封面点击率。很多女孩看到这种表情符号，就会本能地想要点开。我有个学员叫方方好，她之前的一条视频各项数据都很好，但是点击率只有0.9%，当她优化封面以后，点击率提高到了7.2%，是原来的8倍。这相当于如果将同样的流量推给100个人，本来可能只有1个人点开，现在就会有8个人点开。

3. 做好初始阶段的冷启动

我刚开始做账号的时候，每条视频发布后都会找人帮我点赞、评论、转发，完成我的初始流量冷启动。因为再好的内容也需要有人扶它上马，你可能需要找 5 个人来点赞、收藏和转发，把这些数据作为初始冷启动，只有这样 0 粉丝的账号才能更快成长。

4. 多关注官方动态

之前我在腾讯管平台的时候发现了一件事，那就是我作为运营平台的人，也需要完成业绩。大家都是打工人，运营人员也需要做出爆款。如果我做了活动你不参加，那你肯定就没有流量。在这之前我觉得自己非常厉害，能做出爆款都是因为自己内容好。等做了平台运营后，我才发现只有跟着官方平台走，才有可能做出爆款，所以我们一定要去了解官方动态。怎样才能了解官方动态呢？我给大家分享 4 个小技巧。

第一个是多关注几个重要的官方账号，比如薯队长、视频薯、生活薯、日常薯、直播薯，以及你自己垂类领域的官方账号。

第二个是创作中心。它每周都会有推荐任务,你只要完成任务就能拿到相应的流量奖励。

第三个是你要看看官方是怎么做的,尽可能做出差异化。一般在活动的前两天,官方会把自己想要的视频内容发出来,你要好好看看别人的内容是怎么做的。

第四个是发布速度要快。官方最开始上线活动的时候,参与的人一般是比较少的,那时候平台对活动效果也没底。你只要发布视频,平台就会给你推流量,确定性也更高。刚开始你只要发布速度够快,哪怕流量没有那么好,视频质量也一般,官方也会扶持你,因为平台运营人员也需要完成自己的KPI。

5.保持一定的更新频率

刚开始在起号阶段最好能做到日更,账号进入稳定期以后可以适当降低更新频率,但最好也要做到一星期更新三四次。我在起号阶段就是日更,当时最多的时候一天能发四条笔记,现在的更新频率大概是一周发四条左右，因为现在更重要的是单条视频的质量。

6. 及时复盘数据

内容创作者一定要学会看数据，因为你需要知道问题出在什么地方，是封面不行，还是完播率、互动率太低，或是其他方面有问题。你一定要先知道问题出在哪里，才能知道怎么去调整。

小红书是一个非常好的平台，它的数据中心、创作中心里有各种各样的数据可以帮你复盘。对于数据好的内容你要不断强化它，同时要想办法规避或是优化不好的地方，只有这样才能提高做出爆款的概率。

PART 6　300万粉丝操盘手快速涨粉、爆款笔记背后的秘密

笔记发布后数据不好，如何走出流量困境

我相信很多人都有类似的经历，用了七八个小时制作了一篇精美的笔记，发布前信心满满，觉得自己在文案、拍摄、剪辑上都没问题。但发布后浏览量只有100多次，流量还比不上别人随便发的一篇笔记，不禁开始自我怀疑：是自己内容不够好吗？还是自己没有做内容的天赋？

其实不是这样的，很有可能是平台推送的人群出错了。因为小红书采用算法机制，平台每次会根据算法，把你的笔记随机推荐给各种各样的人，然后根据他们的反馈来判断你的内容质量。

这一节我给大家分享一下做小红书的流量密码——发布修改笔记。小红书的笔记发布以后是可以修改的，绝大部分博主都容易忽略掉这个功能，其实这个功能非常强大，能拯救你流量不好的笔记，帮你解决涨粉和流量的问题。

1. 做好 3 个小时的数据监控

一篇笔记能不能成为爆款，看它发布后 3 个小时的数据表现就知道了。以我自己的账号为例，"2.5 万点赞的小红书真的太值得做了"这篇笔记发布后 3 个小时就已经有 400 多的点赞量了，数据非常好。有学员也会问我，他的数据没有这么好，是不是就不能判断发布 3 小时的数据表现了。

其实不是的。我们可以关注一个指标——点赞比，就是用点赞数除以浏览量得到的比值。如果你发现原来发布 3 小时后，浏览量有 2000，点赞数有 100，那你的点赞比就是 5%。如果现在你的点赞比只有 1%，这种情况下，你可能会觉得是你的内容不行。其实还有一个原因是系统推送的人群错了,它没有把你的笔记推荐给更精准的人群。我之前有 3 篇笔记,都是在第一次发的时候没火,第二次发就有 7000 多次点赞,就说明了这个问题。

2. 推送的人群错了,就要修改标题

小红书的算法是什么呢?你发布一篇笔记,平台会通过抓取你笔记中的关键词,推送给相关的人群,这里的关键词主要来自标题、封面、文案,这几项的权重是最高的。小红书的"创作中心"里面有一个专门的数据,是封面点击率。

抓取完封面和标题里的关键词,其次才是内容主页,因此我们一定要在封面和标题上多下功夫,要体现推送人群,要能满足他们的需求。举个例子,我有一个学员是做健身的,我在小红书上搜了一下,发现所有火了的健身相关的内容全都有"马甲线"三个字。如果你的笔记中没有"马甲线",那你的笔记就很难成为爆款。

你一定要学会根据这些关键词去调整和优化,把这

里面的词和内容搭配组合一下，重新调整封面和内容，修改后再提交，这时候你会发现神奇的事情发生了，因为推送的人群被修正了。无论是你的点击率还是收藏量，包括互动率都会直线上升，平台进一步推流，从而关注和涨粉就都来了。

简单概括一下就是，你一定要帮小红书的算法理解你的笔记里面具体是什么内容。大多数人会觉得算法特别厉害，往往对算法保持敬畏，其实算法就像是一个5岁的孩子，当你说一粒米都吃不下去的时候，他只会觉得你饿了，他会给你推米。所以你要对算法说一个5岁孩子都能听懂的话：我现在渴了，那我就要喝水；我很难过，我就要说我很难过。你要去理解算法，只有运用算法，你才能最终征服算法。

PART 6　300万粉丝操盘手快速涨粉、爆款笔记背后的秘密

小红书的流量密码

很多人都会觉得小红书涨粉特别难，但是我的个人账号从0涨到10万粉丝只用了4个月时间，为什么我涨粉这么快？核心就在于我理解并运用了小红书平台的规则。这一节我就来为大家揭秘小红书的流量密码，告诉你到底怎样才能在小红书上快速获得流量。

打开"创作中心"，往下滑找到"笔记灵感"，只要完成里面推荐的任务就能领取曝光奖励。这些任务都非常简单，而且你可以点击限时任务，里面有推荐选题，只要完成笔记发布就能得到奖励。我获得的流量已经实现了1万多次的曝光，我又用这些曝光把两条视频投成

了爆款。

有了流量以后该怎么用呢？千万不要平均主义，也不要投一些质量不好的视频。我知道很多人喜欢把一些质量不好的视频推成正常视频，我有个同事也是这样，总是推一些低于我们平均点赞数的视频。我问他原因，他说这条视频点赞少，一推就会觉得很有成就感。这其实是一种错误的做法，《圣经》里的一则格言提到了马太效应，"凡是拥有的还要加倍给予，凡是没有的还要加倍剥夺"。像我的账号，能真正实现涨粉的可能就只有不到10条视频。你要做的是让爆款更爆，把不好的视频隐藏起来。

什么样的视频适合我们投流呢？大家可以用点赞数除以阅读数，只要大于5%就可以投流。我有很多爆款视频，这个比值都是大于7%的。选择好笔记以后，点击"创作中心"里面的"成长助推"，找到相关笔记，点击"推广"就可以了，但要注意，违规的视频是没办法推广的。

大家要学会集中力量干大事，要把所有的钱，所有

PART 6　300万粉丝操盘手快速涨粉、爆款笔记背后的秘密

的人力、物力都投在20%的优质内容上。我的账号涨粉也是这样，前3条视频涨了4万粉丝，但我的账号总共发布了100多条视频。我们现在做内容，如果脚本不合格，达不到预期，就会被毙稿。因为如果我们用不合格的脚本拍了视频，不仅会耽误我的时间，还会浪费剪辑、发布、运营等各环节工作人员的时间，所以遇到不好的脚本一定要勇于放弃。

另外，我建议大家尽可能回复每一条评论。一是能提高粉丝黏性，拉近你和粉丝之间的距离。粉丝黏性对于想靠广告变现的博主来说非常重要。二是在小红书的算法里，评论的权重大于点赞和收藏，所以一定要多回复评论。你在回复评论的时候，可以用疑问句来提问，你一问对方又给你回一条，可能你回复一条以后会收到两三条回复，这样你的视频权重就会增加，你的笔记进入下一个流量池的概率也会增加。

大家一定要学会利用小红书的规则，只有这样，你才能快速做出爆款。小红书是一个提倡友好互助的平台，有了好的社区氛围，才能留住很多高质量的女性用户。

官方明确表示，友好的互动、多互动是小红书的流量密码。为平台创造价值，完成平台的任务，做出平台近期稀缺的视频内容，流量不来找你都难。

PART 6　300万粉丝操盘手快速涨粉、爆款笔记背后的秘密

如何用好小红书的种草功能

前面已经讲了如何打造爆款笔记，这一节我再给大家讲讲如何用好小红书最强大的"种草"功能。也就是说，我们在做了很多爆款笔记之后，怎样才能让用户关注我们的产品，甚至想要购买我们的产品？

先来分享一下我自己从零开始做小红书爆款种草笔记的过程。那时我还没有做过小红书，公司给我的目标是，给品牌做爆款种草笔记（公司主打一个旅游品牌）。这个目标意味着，我需要做到三件事：某品牌+旅游类+爆款笔记。想一开始就实现这个目标是很难的，几乎百分之百做不起来，因为靠发

广告很难火起来。

我当时将整体策略拆解为三步。第一步是做出"爆款笔记"。首先需要让团队的人掌握爆款笔记的创作方法。第二步是写出"旅游类"的爆款笔记，让小红书用户在计划旅游或正在旅游的时候，能够想到我们这个品牌。第三步是写出带有我们品牌名称的旅游类爆款笔记。如果你想在小红书上给你的产品、服务或品牌做爆款笔记，推荐你按这个思路来操作。

那么该如何做出旅游类的爆款笔记呢？答案就是"选题+占词"。"选题"指的是你的笔记写什么话题，这些话题能不能火，有没有足够多的用户关注，这是做出爆款笔记的关键。"占词"指的是，用户在搜索一个词的时候，你的笔记是不是排在前面；如果笔记排在前面，我们就说这篇笔记"占住了这个词"。

不管是小红书、抖音、百度，还是其他平台，如果你想让自己的内容被平台推荐、被用户关注，

PART 6　300万粉丝操盘手快速涨粉、爆款笔记背后的秘密

你就要去研究平台的推荐机制和用户的使用习惯。平台肯定希望大家能创作出更多优质内容，这样平台才能被用户关注，才能存活下去，所以我们要研究的是不同平台对优质内容的判断标准。比如，小红书平台的判断标准是内容的质量和原创性，封面是否精美；抖音平台的判断标准则是点赞量、原创度、背景配乐等。

同时，我们也要注意研究用户的使用习惯，这也是个很有趣的学问。20世纪50年代，一家食品公司用了极高的成本来研制蛋糕粉，无论怎么改进都卖不好。美国心理学家欧内斯特最终发现，因为这种蛋糕粉的配方太齐全了，本来以为这样可以帮消费者节省时间，家庭主妇们却觉得失去了自己动手的乐趣。后来这家食品公司把蛋糕粉里的蛋黄去掉，给家庭主妇们提供了发挥的空间，销量获得了奇迹般的增长。

我们在做内容的时候，也需要多去研究用户的使用习惯，比如用户会搜索什么词、用户通常在什

么时间段刷手机等。我经常和团队成员说，想做好一件事可能 5 个细节就够了，如果想做爆款，你就得做好 50 个甚至是 100 个细节。

99%的人都不知道的小红书的6种隐藏玩法

1. 不花一分钱体验大牌产品

点击"个人主页"左上角的三条线标志,选择"好物体验",里面有很多护肤品、化妆品、洗护用品、美食、家居用品等,找到自己想要的产品,点击"申请体验",经过二次确认就可以免费使用了。

平台为什么会这么做呢?因为一个新产品在刚发布的时候,非常需要别人的"安利"——别人使用后的种草笔记。你得到一款产品,这款产品售价可能是50元、100元,商家找你发布小红书也是这个价格,只要你申请，通过率就会非常高。这样做既满足了商家推广新品的需求，也满足了用户免费体验产品的需求。

2. 设置隐私收藏夹

我们平时会刷到很多视频，可能有些点赞、收藏的内容并不想让别人看到，该怎么办呢？你可以设置隐私收藏夹，一共有两种方法：第一种是在"隐私设置"中点"我的收藏"，就可以选择是把收藏夹全部锁住还是选择性公开；第二种是新建一个私密的专辑，把"公开我的专辑"关闭就可以了。

3. 小红书隐私设置

如果不想让家人、领导、朋友刷到你的小红书该怎么办呢？你可以点击"设置"里的"隐私设置"，选择"不把我推荐给可能认识的人",就可以安心在小红书上分享内容了。

关系	
隐藏我的关注列表	🔘
隐藏我的粉丝列表	🔘
在「附近」页隐藏我的笔记	🔘
黑名单用户	>
不把我推荐给可能认识的人	**🔘**
不给我推荐可能认识的人	⚪

4. 开通专业号

每个人都可以成为博主,只要你开通专业号,经过平台认证以后,你的首页就会有认证的标志。具体怎么操作呢?点击"个人主页"左上角的三条线标志,找到"创作中心",点击"更多服务",找到"作者能力",点击"开通专业号"即可。开通以后,你可以选择适合自己的标签，比如美妆博主、教育博主、美食博主等，也不用担心选错，30天后就可以再次修改。

5. 小红书倍速播放

我们在观看视频的时候，只要长按视频就会出现倍速播放选项。我的视频都有点长，单条视频时长基本在四五分钟，你可以点击1.25倍或是2倍播放，这样就能快速浏览知识点，帮你节约时间。

PART 6　300万粉丝操盘手快速涨粉、爆款笔记背后的秘密

6.寻找优质博主

如何快速找到某个领域内的优质博主呢？大家可以关注这个领域的官方账号，它们会定期推荐一些优秀博主，比如@知识薯就会定期公布科普红人积极打卡的周报榜单。此外，官方账号还会发布各种官方活动，给大家提供各种福利。

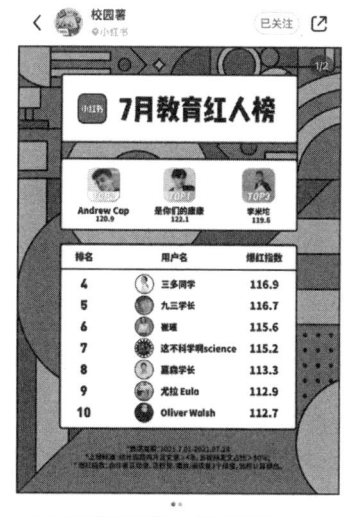

171

2 小时玩转小红书

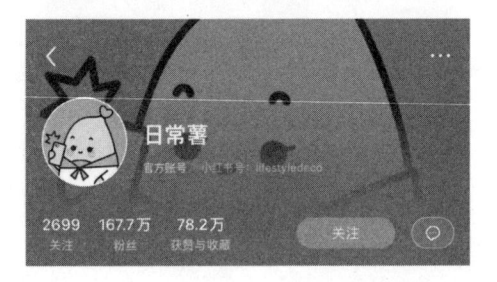

附录

AIGC 问答

可以预见，未来两年内 AIGC（人工智能生成内容）将会成为内容行业最核心的基础设施，不懂 AIGC 的内容从业者，就像不会写代码的程序员一样。因此在这本书里，我特意用 AIGC 回答了几个大家最关心的问题，希望这部分不算长的内容，可以引起大家的兴趣，成为大家了解并接触 AIGC 的开始。

问题 1 如何吸引粉丝和流量？

在小红书上吸引粉丝和流量是一个非常重要的问题，因为这直接决定了账号的曝光度和受众范围。为了吸引粉丝和流量，需要注意以下几点。

（1）有创意、有价值的内容

创作出有创意、有价值的内容，这样才能吸引更多的用户，提高曝光率和粉丝数量。可以根据自己的专业领域和兴趣爱好来创作，寻找热门话题和热门产品，为用户提供具有参考价值的信息和建议。

（2）合理的标题和封面

在小红书上，标题和封面是吸引用户点击的重要因素。选择合适的标题，既能反映文章的主题和重点，又能引起用户的兴趣和好奇心。同时，要选择合适的封面，能够直观地展示内容的亮点和特色，吸引用户点击和阅读。

（3）标签和分类

标签和分类也是提高曝光率和吸引流量的重要因素。要选择合适的标签和分类，与内容相关联，能够使用户更容易找到自己的文章，提高阅读量和粉丝数量。

（4）合作推广

合作推广也是吸引粉丝和流量的一种方式。可以与品牌或其他用户进行合作推广，共同宣传自己的内容，提高曝光率和流量。

问题2 如何保证内容的原创性？

在小红书上，保证内容的原创性是非常重要的。因为小红书平台非常重视原创，不允许抄袭或剽窃他人作品。为了保证内容的原创性，需要注意以下几点。

（1）多方收集资料

在创作文章之前，要多方面收集相关资料，包括书籍、网络文章、实地考察等，从多个角度了解相关信息，积累素材。

（2）有自己独到的经验和见解

创作文章时，要结合自己的经验和见解，从自己的角度出发，对相关主题进行深入探讨和思考。

（3）避免抄袭和剽窃

在创作文章时，不能抄袭或剽窃他人的作品，要尊重知识产权，确保文章的原创性。

（4）注意版权和引用

如果必须引用他人的内容，要注明出处，并遵守相关版权规定，避免侵犯他人的知识产权。

（5）使用原创图片和视频

除了文字内容，图片和视频也是文章的重要组成部分。要尽可能使用原创的图片和视频素材，这样才能提高文章的独特性和原创性。

问题3 如何提高小红书的阅读量和转化率?

提高小红书的阅读量和转化率是小红书营销的重要目标,下面这几个方法可以帮你提高阅读量和转化率。

(1)合适的标题和封面

在小红书上,用户浏览内容第一眼看到的就是标题和封面。选择合适的标题和封面,能够引起用户的兴趣和好奇心,使用户更有兴趣点击阅读。

(2)优秀的内容

优秀的内容是吸引用户的重要因素。创作的内容要有价值，能够为用户提供实用的信息、有趣的娱乐等，满足用户的需求和期待，这样才能增加阅读量、提高转化率。

（3）标签和分类

标签和分类也是提高阅读量和转化率的重要因素之一。要选择合适的标签和分类，使用户能够更容易地找到自己的文章。

（4）社群互动

在小红书上，社群互动是很重要的。要积极与用户互动，回复用户的留言，提高用户的黏性和忠诚度。

（5）合作推广

可与品牌或其他用户进行合作推广，共同宣传自己的内容，提高曝光度和流量，提高阅读量和转化率。

问题4 如何做好小红书的社群管理?

小红书的社群管理是很重要的,只有社群管理好,才能更好地吸引和维护粉丝,提高用户的黏性和转化率。下面这些方法可以帮助你做好小红书的社群管理。

(1)回复留言和评论

积极回复用户的留言和评论,与粉丝互动,能够增加用户的黏性和忠诚度。

(2)发布精彩内容

发布精彩内容是提高用户忠诚度的重要方法之一。

首先要创作出有价值的内容，满足用户的需求和期待，才能提高阅读量和转化率。

（3）建立用户关系

要建立和用户之间的关系，了解用户的需求和兴趣，制定相应的内容策略，提高用户的忠诚度和转化率。

（4）注意言辞和态度

在社群管理中，要格外注意你的言辞和态度，尊重用户的意见和感受，避免使用冒犯或攻击性的言辞以及不友好的态度，从而影响社群氛围和用户体验。

（5）严格管理违规行为

要严格管理违规行为，不得恶意刷量、抄袭、诱导消费等，遵守相关法律法规和小红书的规定，维护社群秩序和用户权益。

问题 5　如何运用小红书进行电商推广？

小红书是一个集社交、内容和电商于一体的平台，可以很好地用于电商推广。下面这些方法可以帮助你运用小红书进行电商推广。

（1）优质的内容

优质的内容是吸引用户的关键。要创作出有价值的内容，提供实用的信息和有趣的娱乐，吸引用户的关注和兴趣。

（2）营销策略

选择合适的产品和品牌，通过小红书的社交和内容功能进行推广和销售，提高转化率和销售额。

（3）引导消费

通过小红书的内容和社交功能，提供产品的介绍、使用体验、评价等，使用户更好地了解产品，增加购买的可能性。

（4）参与互动活动

参与小红书的互动活动，例如抽奖、打卡等，能够提高用户的参与度和黏性，提高品牌的曝光度和认知度。

（5）利用数据分析

通过小红书的数据分析功能，了解用户的兴趣和需求，制定相应的营销策略和内容策略，提高转化率和销售额。

小红书作为一个集社交、内容和电商于一体的平台，已成为很多品牌和个人进行营销推广的重要渠道。想要在小红书上做好内容创作以及社群管理、电商推广等工作，提升阅读量和转化率，需要多方面的技能和策略。除了前文谈到的技能和策略外，下面是一些额外的建议，可以帮你在小红书上更好地做好内容创作和营销推广。

（1）找准目标用户群体

你可以通过小红书的数据分析功能和社群管理工具了解用户，并参与和创建相应的社群和话题，找准自己的目标用户群体，了解他们的需求和兴趣，从而制定出相应的内容和营销策略。

（2）保持创新和原创性

不断探索新的创意和内容形式，避免盲目跟风或抄袭，使自己的内容更加有吸引力和独特性。可以通过关注其他行业领域、参加各种活动和培训、和不同创作者交流等方式，获取灵感和提高自己的创意能力。

（3）建立良好的合作关系

小红书上的合作机会很多，可以通过和品牌、其他创作者、供应商等建立良好的合作关系，互相推广、合作，实现共赢。可以通过主动联系、参加活动和展会、和其他用户进行交流等方式来建立合作关系。

（4）用好小红书的各种工具和资源

小红书提供了很多工具和资源，可以帮创作者和品牌更好地进行营销和推广。例如小红书的内容创作工具、数据分析工具、社群管理工具、推广广告等。可以通过学习和掌握这些工具和资源，提高自己的营销推广能力。

（5）不断学习和提升自己

想在小红书上做好内容创作和营销推广，需要不断提升自己各方面的能力。可以通过学习各种相关知识、参加培训课程、和其他创作者进行交流合作等方式，不断提高自己的能力。